Steffen Dagger

Mitarbeiter im Deutschen Bundestag:

Politikmanager, Öffentlichkeitsarbeiter und Berater

Steffen Dagger

MITARBEITER IM DEUTSCHEN BUNDESTAG

Politikmanager, Öffentlichkeitsarbeiter und Berater

ibidem-Verlag
Stuttgart

Bibliografische Information der Deutschen Nationalbibliothek
Die Deutsche Nationalbibliothek verzeichnet diese Publikation in der Deutschen Nationalbibliografie; detaillierte bibliografische Daten sind im Internet über http://dnb.d-nb.de abrufbar.

Bibliographic information published by the Deutsche Nationalbibliothek
Die Deutsche Nationalbibliothek lists this publication in the Deutsche Nationalbibliografie; detailed bibliographic data are available in the Internet at http://dnb.d-nb.de.

∞

Gedruckt auf alterungsbeständigem, säurefreien Papier
Printed on acid-free paper

ISBN-10: 3-8382-0007-1

ISBN-13: 978-3-8382-0007-1

Printed in Germany

Inhaltsverzeichnis

I Einleitung

„Ich weiß nur, dass man [...] gerade seitens der Wirtschaft oft mit Unkenntnis konfrontiert wurde, was wir hier überhaupt machen.

Wissenschaftlicher Mitarbeiter im Deutschen Bundestag[1]

1 Problemstellung/Ziel

Der Deutsche Bundestag als zentraler Akteur im Deutschen Regierungssystem ist ein institutioneller Ort, an dem formale und informale Politiknetzwerke geknüpft, verbunden und gepflegt werden. Die politische Relevanz des Parlaments kommt in einer Reihe von Funktionen zum Ausdruck: ‚Kreation' und ‚Rekrutierung' (bspw. Bestellung und Abberufung der Regierung), ‚Gesetzgebung', ‚Kontrolle' und ‚Initiative' sowie ‚Repräsentation' und ‚Kommunikation'.[2]

Die Ausübung der unterschiedlichen Funktionen erfordert von den Abgeordneten die Verrichtung eines breiten Spektrums unterschiedlicher Tätigkeiten. Sie nehmen an Sitzungen von Gremien des Bundestages und der Fraktionen teil, üben administrative Routinetätigkeiten (wie bspw. die Bearbeitung ihrer Post) aus, bereiten politische Entscheidungen vor oder beschäftigen sich mit kreativen Tätigkeiten wie dem Verfassen von Reden. Schließlich pflegen sie Informations- und Kommunikationstätigkeiten gegenüber zahlreichen Akteuren; angefangen bei der Lokalzeitung ihres Wahlkreises, über Kontakte zu regionalen sowie bundesweiten Interessenvertretern bzw. Lobbyisten[3], bis hin zum regelmäßigen Austausch mit Kollegen innerhalb und außerhalb des Deutschen Bundestages.[4] Die anspruchsvolle und facettenreiche Tätig-

---

[1] A2, S. 15 (anonym).
[2] Vgl. Ismayr (2000), S. 34. Siehe auch Wessels (1991), S. 356, Moersch (1969), S. 37 und Wessels (1993), S. 99ff.
[3] In dieser Arbeit werden die Begriffe „Lobbyist" und „Interessenvertreter" synonym verwandt.
[4] Zum Arbeitsalltag vgl. Fichtner (2000), o.S.; *„Repräsentation ist ohne Kommunikation nicht zu denken. [...] Von Bedeutung ist [...] die unmittelbare Kommunikation mit dem Wähler, mindestens ebenso wichtig sind die Kontakte zu den kollektiven Akteuren auf Wahlkreisebene, den Wirtschaftsverbänden und den Gewerkschaften."*, vgl. Wessels (1991), S. 356 und Di Fabio (1990), S. 603.

keit hat „maßgeblich die Professionalisierung der Abgeordnetenarbeit vorangetrieben."[5] Diese Professionalisierung wird unter anderem daran deutlich, dass die Arbeit der Parlamentarier seit 1969 durch zum Teil wissenschaftlich ausgebildete Mitarbeiter vor allem in den drei Bereichen der *Abgeordnetenbüros*, der *Fraktionen* und in der *Verwaltung des Deutschen Bundestages*[6] unterstützt werden.[7]

Während heute ein verhältnismäßig detailliertes Bild der Tätigkeiten von Parlamentariern gezeichnet werden kann[8], „sind die Kenntnisse über die Arbeitswelt ihrer Mitarbeiter im Deutschen Bundestag noch gering".[9] Die Parlamentarismusforschung hat sich bisher vor allem der Erkundung der Arbeit von Bundestagsabgeordneten gewidmet. Hierzu liefern Wissenschaft und Literatur umfangreiche Studien und Untersuchungen; ihnen allen ist die Konzentration auf Tätigkeitsbild und Struktur der Arbeit von Parlamentariern gemein.[10] Dagegen besteht über die Arbeit von Mitarbeitern im Bundestag noch grundlegender Forschungsbedarf.[11] So hält Uwe Kranenpohl es beispielsweise für unerlässlich, den Mitarbeitern von Abgeordneten und Fraktionen mehr wissenschaftliche Beachtung zu schenken, da dieser Personenkreis einen Großteil der politisch-konzeptionellen Arbeit im Bundestag leiste.[12] Ähnlich argumentiert Jürgen von Oertzen, der die Beschreibung der Rollenstruktur eines Parlamentes für unvollständig hält, sofern nur die Rolle der gewählten Repräsentanten, nicht aber die ihrer Mitarbeiter erfolgt.[13]

---

[5] Bröchler/Elbers (2001), S. 4.; Herzog (1990-b), S. 9ff. Zur Verbundenheit mit dem Wahlkreis: Kremer (1992), S. 50ff.

[6] Hier arbeiten beispielsweise Mitarbeiter für Abgeordnete in Parlamentsdiensten und Ausschüssen.

[7] Vgl. Vetter (2001), S. 27. Im Jahre 1969 wurden die ersten Mitarbeiter eingestellt: Vgl. Borchert/Grolsch (1999); siehe auch Wagner (1991), S. 20f. und Heine (2004), o.S.

[8] Vgl. etwa Patzelt (1993).

[9] Schöne (2005), S. 791. Sofern im Folgenden innerhalb dieser Untersuchung von der männlichen Form die Rede ist, soll die weibliche Form selbstverständlich immer inbegriffen verstanden sein.

[10] Siehe Best (2007); Andersen (2008).

[11] Dies machen die Schlussfolgerungen und Zusammenfassungen zahlreicher Studien und Aufsätze deutlich. Vgl. Schöne (2005), S. 791. Siehe auch Blischke (1981); Hirsch (1981) sowie Schwarzmeier (2001), S. 387.

[12] Vgl. Kranenpohl (1999), S. 363.

[13] Oertzen (2005), S. 233. Dagegen existieren für den US-Kongress bereits Studien über die Rolle von Mitarbeitern: Vgl. Schöne (2005), S. 791. Ein Überblick über die Situation in Frankreich: Association of Secretaries General of Parliaments (1992), S. 116ff. Ein Überblick über andere europäische Länder: Europäisches Parlament (1996), S. 43ff. Eine australische Studie bieten Parr/Ransome (1991).

Erste Ansätze zur Erforschung dieses Feldes zeigen im Bereich der *Mitarbeiter von Fraktionen* einzelne Aufsätze, die sich überwiegend mit der rechtlichen Stellung der Mitarbeiter befassen.[14] Dagegen beschäftigt sich Helmar Schöne in einem Aufsatz mit der Tätigkeit und dem Arbeitsalltag der Mitarbeiter von Parlamentsfraktionen. Er untersucht die Mitarbeiter im Hinblick auf deren Einfluss auf politische Entscheidungen und den politischen Willensbildungsprozess.[15] *Mitarbeiter von Abgeordneten* wurden bislang nur in Ansätzen in Bezug auf verdeckte Parteienfinanzierung, ihr rechtliches Arbeitsverhältnis bzw. ihre soziale Absicherung und schließlich auf ihr Tätigkeitsfeld und ihre Funktion im Gefüge des Bundestages untersucht.[16] Dagegen beleuchten Stephan Bröchler und Helmut Elbers in einer quantitativen, internetgestützten Befragung nicht nur die Aufgaben und Tätigkeiten der Wissenschaftlichen Mitarbeiter in Abgeordnetenbüros, sondern beispielsweise auch ihre Kommunikationsbeziehungen, die Voraussetzungen für den Beruf sowie ihren beruflichen Werdegang. Um dem noch immer bestehenden Forschungsdefizit Abhilfe zu schaffen, schlagen beide am Ende ihrer Untersuchung vor, in einer weitergehenden Studie neben der Arbeit von *Abgeordnetenmitarbeitern* auch die Arbeit der Mitarbeiter in *Fraktionen* vergleichend zu untersuchen.[17]

Die vorliegende Studie setzt bei diesem Vorschlag der beiden Autoren an. Während Bröchler/Elbers die Arbeit der Abgeordnetenmitarbeiter in ihrer Studie quantitativ untersucht haben, soll es Aufgabe dieser Untersuchung sein, sich stärker qualitativ mit der Arbeit der Abgeordnetenmitarbeiter wie gleichsam auch mit der Arbeit der Fraktionsmitarbeiter auseinanderzusetzen. Es soll ein Beitrag dazu geleistet werden, dem Forschungsdefizit entgegenzuwirken. Die gewonnenen Erkenntnisse können zu einem besseren Verständnis dazu beitragen, wie sich Parlamentarier der Leistungen

---

14 Zur rechtlichen Situation: Jekewitz (1995), S. 395ff.; Koch (1998), S. 1160ff. Zur Rolle: Schelp (1969); Laabs (1970).

15 Schöne (2005), S. 791ff. Einen weiteren Aufsatz zur Arbeitswelt von Fraktionsreferenten bietet Pohlmann (2005), S. 27.

16 Im Folgenden auch „Abgeordnetenmitarbeiter" oder „AM" genannt. Zur Parteienfinanzierung vgl. Stolz (1992), S. 372-375.; Arnim (1996), S. 131ff., S. 179ff. Zum rechtlichen Arbeitsverhältnis vgl. Vetter (2001). Volker Pilz beschäftigt sich neben dem Berufsbild auch mit der mangelnden Arbeitsplatzsicherheit der Abgeordnetenmitarbeiter: Pilz (2004), S. 667ff. Siehe auch Fischer (2005), S. 39 und teilweise Puhe (1989), S. 67ff. bzw. Europäisches Parlament (1996), S. 43ff.

17 *„In einem weiteren Schritt könnten die wissenschaftlichen Mitarbeiter auf der Fraktionsebene in den Blick genommen werden. Hieraus könnten Gemeinsamkeiten und Unterschiede in Bezug auf die Funktion der Mitarbeiter der Abgeordneten herausgearbeitet werden.*" Bröchler/Elbers (2001), S. 37.

wissenschaftlicher Mitarbeiter auf verschiedenen Ebenen bedienen und welche Rolle die Mitarbeiter dieser Ebenen innehaben.

Deshalb ist das Ziel dieser Studie, sich der Arbeit wissenschaftlicher Mitarbeiter in Abgeordneten- sowie in Fraktionsbüros der CDU/CSU-Fraktion des Deutschen Bundestages anzunähern und die jeweiligen Gemeinsamkeiten und Unterschiede ihrer Arbeit herauszuarbeiten. Dabei konzentriert sich die vergleichende Darstellung bezüglich der Fraktionsmitarbeiter auf die Referenten, die in den fachlichen Arbeitsgruppen (AGs) der Fraktionen eingesetzt sind.[18] Dies ist zum einen erforderlich, um den Umfang dieser Arbeit sinnvoll einzugrenzen. Zum anderen werden durch diese Eingrenzung Ergebnisse erzielt, die besser miteinander vergleichbar sind.[19]

Die Fragestellung dieser Studie lautet deshalb: „Worin liegen Gemeinsamkeiten und Unterschiede der Arbeit wissenschaftlicher Mitarbeiter in Abgeordnetenbüros sowie in Büros der fachlichen Arbeitsgruppen (AGs) innerhalb der CDU/CSU-Fraktion des Deutschen Bundestages?"

[18] Im Folgenden auch „Referenten", „Fraktionsmitarbeiter", „FM" oder „AG-Mitarbeiter" genannt.
[19] Vgl. dazu: Kapitel I.3.

2 Aufbau

Zur Erreichung des Untersuchungsziels sollen jeweils zunächst in einem einleitenden Teil die Funktion und Tätigkeit der Abgeordneten und Arbeitsgruppen der Fraktion kurz skizziert und erläutert werden. Der anschließende praktische Teil bildet den Schwerpunkt der Untersuchung. Hier wird jeweils die Arbeit wissenschaftlicher Mitarbeiter in den Abgeordnetenbüros bzw. Arbeitsgruppenbüros inhaltlich erarbeitet und abschließend zueinander in Bezug gesetzt.

Um die Fragestellung hinreichend und aus verschiedenen Blickwinkeln sinnvoll beantworten zu können, ist der Begriff ‚Arbeit' in dieser Studie breit definiert. In Anlehnung an die Studie von Bröchler/Elbers wird er in dieser Untersuchung durch folgende vier ‚Basis-Säulen' näher bestimmt, die gleichzeitig die Gliederung des praktischen Hauptteils (III) darstellen. Alle vier Basis-Säulen verbindet die im vorigen Kapitel aufgestellte übergreifende Fragestellung.[20]

(1) Aufgaben/Arbeitsalltag/Tätigkeiten
(2) Informations- und Kommunikationsverhalten
(3) Voraussetzungen für den Beruf
(4) Berufliche Selbsteinschätzung/Karrierevorstellungen.

Kapitel (1) verfolgt das Ziel, eine bessere Vorstellung von den Aufgaben, dem Arbeitsalltag sowie den Tätigkeiten zu erhalten. Sie soll das Spektrum der Tätigkeiten und Arbeitschwerpunkte umfassend erkennen lassen. Bislang existiert noch keine aussagekräftige Ordnung der Aufgaben und Tätigkeiten wissenschaftlicher Mitarbeiter beider Gruppen. Deshalb sollen die Kern -Aufgabenbereiche bzw. -Tätigkeitsbereiche bereits anhand der Gliederung dieses Kapitels geordnet werden.

Kapitel (2) hat zum einen die Funktion zu zeigen, mit Hilfe welcher Informationsquellen die Mitarbeiter aus der Fülle von Daten die für die Ausübung ihrer Tätigkeit relevanten Informationen erlangen. Zum anderen sollen wichtige Kommunikationspartner der Mitarbeiter benannt werden, derer sie sich im Arbeitsleben zum Aus-

[20] Bröchler/Elbers wählen ein exploratives Design für ihre Studie, das die fünf Bereiche „Arbeitsalltag", „Informationsverhalten", „Voraussetzungen für den Beruf", „Verwissenschaftlichung der Politik" und „Karrierevorstellungen" beinhaltet. Die Frage nach der „Verwissenschaftlichung der

tausch von relevanten Informationen bedienen. Anhand jeweils eines Fallbeispiels für die Beziehung zu einem bundestagsinternen und einem -externen Kommunikationspartner soll schließlich exemplarisch ein genereller Eindruck der Kommunikationsbeziehungen der Mitarbeiter gewährt werden. Als Beispiel für einen bundestagsinternen Akteur dient der eigene Vorgesetzte, während Interessenvertreter bzw. Lobbyisten als Fallbeispiel für einen bundestagsexternen Kommunikationspartner ausgewählt wurden.[21]
Die letzten beiden Kapitel widmen sich dem Berufseinstieg, den Berufsbedingungen und dem Berufsausstieg der Mitarbeiter. So wird im vorletzten Kapitel (3) untersucht, welche Faktoren zur Mitarbeitertätigkeit im Bundestag führen. Da die Mitarbeitertätigkeit nicht Gegenstand eines konkreten Fachstudiums ist[22], wird hier zunächst nach den Qualifikationen und Eigenschaften gefragt, die für die Ausübung des Berufes nützlich sind. Anschließend skizziert diese Studie Muster, die in der Einstellungspraxis zu einem Jobeinstieg führen. Kapitel (4) geht schließlich der Frage nach, wie die Mitarbeiter ihre Arbeitszufriedenheit, Arbeitsvergütung und die beruflichen Perspektiven einschätzen.
Im Zwischenergebnis eines jeden Kapitels sollen die jeweiligen Teilergebnisse vergleichend dargestellt werden, um in der Schlussbemerkung sodann die im Mittelpunkt dieser Studie stehende Forschungsfrage zu beantworten.

Vergleicht man die Ergebnisse der bisherigen Aufsätze zur Arbeit von Fraktionsmitarbeitern mit denen, die sich mit der Arbeit von Abgeordnetenmitarbeitern beschäftigt haben, so lassen sich daraus folgende Hypothesen für die Beantwortung der Fragestellung dieser Studie ableiten:

> [1] Die Arbeit von Abgeordnetenmitarbeitern umfasst ein *breites inhaltliches und organisatorisches Aufgabenspektrum;* sie ist stets auf einen Abgeordneten fixiert. Die Arbeit wissenschaftlicher Mitarbeiter in Fraktionen (AGs) ist hingegen auf *stark verengte Themenbereiche begrenzt und stärker inhaltlich* geprägt.

Politik" wird in dieser Arbeit bereits im Kapitel „Voraussetzungen für den Beruf" behandelt. Deshalb entfällt dieser Gliederungspunkt in dieser Untersuchung. Vgl. Bröchler/Elbers (2001), S. 44.

[21] Beide Kommunikationspartner sind aufgrund ihrer Bedeutung für die Mitarbeiter sowie zur Begründung der im Folgenden aufgestellten Hypothesen ausgewählt worden.

[2] Der *Wahlkreis* erfährt für Abgeordnetenmitarbeiter eine entscheidende Bedeutung, während er für Fraktionsmitarbeiter so gut wie keine Rolle spielt. Dagegen haben die einzelnen *Abgeordneten der Fraktion und ihre Büros* für Arbeitsgruppenreferenten eine besondere Bedeutung in der täglichen Arbeit.[23]

Schöne führt in seinem Aufsatz an, dass FM an *„zentralen Stellen des fraktionsinternen Willensbildungsprozesses"* tätig sind und *„erheblichen Einfluss auf die fachpolitischen Verlautbarungen und Gestaltungsvorhaben"* der AGs haben sowie *„Ansprechpartner für [...] Interessen und Lobbygruppen"* sind.[24] Die Hälfte der Befragten AM der Studie von Bröchler/Elbers stimmten der Aussage zu, dass sie Entscheidungen ihres Abgeordneten beeinflussen; eine Mehrheit gab an, als Mittler zwischen Interessengruppen und Abgeordneten zu fungieren.[25] Deshalb wird in dieser Arbeit die folgende dritte Hypothese aufgestellt:

[3] Sowohl Abgeordnetenmitarbeiter als auch Arbeitsgruppenmitarbeiter sind *wichtige Rezeptoren für Lobbyingmaßnahmen* von Interessenvertretern.[26]

[4] Die Arbeitsverhältnisse beider Gruppen von wissenschaftlichen Mitarbeitern sind zumeist nicht langfristiger Natur; sie werden von beiden Mitarbeitergruppen vor allem als *Karrieresprungbrett*[27] gesehen.

---

[22] Vgl. Bröchler/Elbers (2001), S. 4.

[23] "*Das Verbundensein eines Abgeordneten mit seinem Wahlkreis ist für einen Abgeordneten wesentlicher Inhalt unserer repräsentativen Demokratie.*", Kremer (1992), S. 50. Zum Stellenwert des Wahlkreises vgl. Elsner (2001).

[24] Vgl. Schöne (2005), S. 806ff.; ähnlich auch Lang (2005), S. 66f.

[25] Siehe Bröchler/Elbers (2001), S. 25f. Vgl. auch Kampeter (2007), S. 219.

[26] Diese Hypothese wird insbesondere im Fallbeispiel in Kapitel III.2.1.2.2. bzw. III.2.2.2.2 zu behandeln sein.

[27] Vgl. „Traumjob auf Zeit", Haase-Hindenberg (2005-a).

3 Methodisches Vorgehen

Für die empirische Analyse werden zwei methodische Vorgehensweisen ausgewählt: die qualitative Befragung einerseits sowie die Methode der Inhaltsanalyse andererseits. Diese sollen in der Kombination ein umfangreiches zuverlässiges Quellenmaterial für die vorliegende Analyse der Arbeit wissenschaftlicher Mitarbeiter bieten.

3.1 Qualitative Befragung

Für die vorliegende Untersuchung sind qualitative Expertenbefragungen mit einer Gesprächsdauer von jeweils ein bis zwei Stunden durchgeführt worden.[28] Sie wurden mittels eines Tonbandgerätes aufgenommen und vollständig transkribiert. Um eine möglichst hohe Verlässlichkeit und Vergleichbarkeit der Quellen zu gewährleisten, wurden je ein Abgeordnetenmitarbeiter sowie je ein Arbeitsgruppenreferent als Interviewpartner ausgewählt, deren Vorgesetzte Mitglied derselben Arbeitsgruppe sind.[29] Dabei wurden die vier Arbeitsgruppen der CDU/CSU-Bundestagsfraktion ausgewählt, welche die meisten Mitglieder stellen. Darüber hinaus wurde ein Bundestagsabgeordneter befragt, der gleichzeitig Vorsitzender einer dieser vier Arbeitsgruppen ist. Überdies wurden einige wissenschaftliche Mitarbeiter beider Gruppen in einem kurzen Telefoninterview um eine Einschätzung zu Bereichen dieser Arbeit gebeten. Auf Bitten der Befragten wurden alle Interviews anonym durchgeführt und entsprechende Stellen der Unkenntlichkeit halber im Rahmen der Transkription anonymisiert.

Die Gesprächspartner sind jeweils zu Gemeinsamkeiten und Unterschieden der Arbeit von Wissenschaftlichen Mitarbeitern beider Gruppen in Form von „wenig strukturierten Interviewsituationen“ befragt worden, bei denen das Gespräch lediglich an einem Leitfaden ausgerichtet war. Diese Interviewtechnik bietet sich an, „wenn in frühen Phasen der Untersuchung der Forschungsgegenstand noch nicht in allen Di-

[28] Zu Experteninterviews vgl. auch Hopf (1991), S.77ff.; Pfadenhauer (2005), S. 113ff. und Trinczek (2005), S. 209ff.
[29] Vgl. Abb. 1: Interviewpartner (anonym), (siehe Anhang).

mensionen klar umrissen ist und eine Klärung notwendig erscheint, um Untersuchungen mit stärker standardisierten Methoden vorzubereiten und zu ergänzen."[30] Aufgrund der in Kapitel I.1 benannten geringen Anzahl von empirischen Untersuchungen erscheint diese Form für die Analyse angemessen. Dagegen wurde bewusst auf quantitative Methoden verzichtet. Um eine Gleichheit und Vergleichbarkeit der Interviewsituation gewährleisten zu können, ist für alle geführten Gespräche ein im Kern identischer Leitfaden verwandt worden, der sich mit seinen Fragen an den in Kapitel I.2 dargestellten vier Basis-Säulen und den in dieser Studie zu beantwortenden Hypothesen orientiert. Ferner wurden alle Interviewten zumeist am Anfang eines jeden Interviews gesondert gefragt, welche grundsätzlichen Gemeinsamkeiten und Unterschiede sie in der Arbeit der wissenschaftlichen Mitarbeiter in Abgeordnetenbüros und der Referenten in den Arbeitsgruppen sehen. Allerdings ist es erforderlich gewesen, die einzelnen Fragen an den jeweiligen Gesprächspartner anzupassen. Auch wenn diese Studie keinen Anspruch auf vollständige Repräsentativität erhebt, ist durch die Auswahl und Qualität der Befragten sowie die angewandte Methodik gewährleistet, dass die hier erzielten Ergebnisse charakteristisch für die Praxis innerhalb der CDU/CSU-Fraktion des Deutschen Bundestages zum jetzigen Zeitpunkt sind.

Als Methode der empirischen Analyse birgt die Befragung jedoch auch mehrere Gefahren, die im Folgenden kurz geschildert werden sollen. Erstens kann das Verhalten der Befragten Probleme bei der Befragung hervorbringen. Diese häufig als Antwortverzerrung beschriebenen Fälle ergeben sich aus dem Bewusstsein der Befragten, dass sie die Möglichkeit besitzen, das Analyseergebnis in ihrem Interesse zu beeinflussen.[31] Dieses Verhalten wird häufig auch als „Reaktivität" bezeichnet. Zweitens besteht besonders bei gesellschaftlich brisanten oder sensiblen Themen das Risiko, dass so genannte „Response Errors" eintreten. Die Befragten können beispielsweise Antworten verweigern (Item-Nonresponse) oder die gesellschaftlich erwünschten Antworten geben (Social-Desirability-Set). Darüber hinaus versuchen Befragte möglicherweise bei Tabuthemen, etwa durch Unkenntnis oder Verweigerung, einer wahrheitsgetreuen Antwort zu entgehen. Besonders bei so empfundenen „unangenehmen

---

[30] Schnell (1999), S. 300. Vgl. auch Lamnek (1993), S. 35ff. und Manheim (2001), S. 320ff.

[31] Nach Esser wählen Menschen demnach *„die ihnen vorstellbare Handlungsalternative [aus], die ihnen am ehesten angesichts der vorfindbaren Situationsumstände bestimmte Ziele zu realisieren verspricht.*", vgl. Esser (1986), S. 321.

Fragen“, die einen wichtigen Aspekt bei einer Analyse der Arbeit wissenschaftlicher Mitarbeiter darstellen, kann ein bestimmtes Antwortverhalten eintreten, das durch eine geschickte Fragetechnik unterbunden werden muss.[32]

3.2 Qualitative Inhaltsanalyse

Neben der qualitativen Befragung wird eine qualitative Inhaltsanalyse durchgeführt. Ziel einer solchen ist, Texte aller Art einer Analyse zu unterziehen. Dabei liegt der Vorteil gegenüber einer Befragung darin, dass es sich um ein nicht-reaktives methodisches Vorgehen handelt.[33] Ziel der hier angewandten qualitativen Inhaltsanalyse ist, die Einschätzung der Arbeit von Abgeordnetenmitarbeitern und AG-Referenten herauszuarbeiten. Da im Rahmen des Umfangs dieser Studie keine Gesamtanalyse aller zu den Mitarbeitern im Bundestag veröffentlichten Dokumente erfolgen kann, konzentriert sich die Datenbasis auf Artikel und Interviews überregionaler Tageszeitungen, verfügbare Dokumente wie zum Beispiel Übersichten sowie wissenschaftliche Abhandlungen zu diesem Thema.

3.3 Fallauswahl und Grenzen der Untersuchung

Ein Vergleich der beiden Gruppen wissenschaftlicher Mitarbeiter ist legitim. Zwar sind Wissenschaftliche Mitarbeiter in Abgeordnetenbüros und in Arbeitsgruppenbüros bei ganz unterschiedlichen Arten von Arbeitgebern angestellt, die wiederum eigene Anforderungen an die Arbeit und die Aufgaben ihrer Mitarbeiter stellen. Dennoch sprechen zwei Gründe für diese Auswahl: Erstens erfährt die CDU/CSU-Bundestagsfraktion im Deutschen Bundestag als gemeinsame Organisationseinheit für beide Gruppen von Mitarbeitern eine übergeordnete Bedeutung. Zweitens haben beide Gruppen von Mitarbeitern die grundsätzliche Aufgabe, einen bzw. mehrere Abgeordnete der CDU/CSU-Fraktion im Deutschen Bundestag hinsichtlich ihrer Tä-

[32] Vgl. Schnell (1999), S. 330.
[33] Vgl. ebd. (1999), S. 330.

tigkeit zu unterstützen. Daraus wiederum ergeben sich neben Unterschieden auch grundlegende Gemeinsamkeiten in der Arbeit und der Aufgabenstruktur, die auf die Mitarbeiter zukommen. Diese werden in der vorliegenden Untersuchung näher beleuchtet.

Die Analyse konzentriert sich auf die in Kapitel I.2 formulierten Schwerpunkte. Weitergehende Aspekte, wie zum Beispiel die Zusammenarbeit und die Kommunikationsbeziehungen zwischen den Mitarbeitern innerhalb eines einzelnen Büros, können in dieser Untersuchung aufgrund des begrenzten Umfanges nur am Rande behandelt werden. Schließlich müssen einige Aussagen der Interviewpartner, wie zuvor erwähnt, als Werturteile und nicht als objektive Aussagen betrachtet werden.

4 Abkürzungsverzeichnis

Alle Begriffe werden der Einfachheit halber in der männlichen Form genannt. Selbstverständlich ist auch die weibliche Form damit angesprochen.

Abb.	Abbildung
AbgG	Abgeordnetengesetz
AG	Arbeitsgruppe
AM	Abgeordnetenmitarbeiter
bzgl.	bezüglich
bzw.	beziehungsweise
CDU	Christlich-Demokratische Union
CSU	Christlich-Soziale Union
d.h.	das heißt
ebd.	ebenda
f. (ff.)	folgende Seite(n)
FM	Fraktionsmitarbeiter/Arbeitsgruppenreferent/AG-Referent
Hrg.	Herausgeber
Hrg.et.al.	Herausgeber et alii
MdB	Mitglied des Deutschen Bundestages
Nr.	Nummer
o.A.	ohne Autor
o.O.	ohne Ortsangabe
o.S.	ohne Seitenangabe
PR	Public Relations/Öffentlichkeitsarbeit
S.	Seite
TVöD	Tarifvertrag für den öffentlichen Dienst
u.a.	und anderen/m, und andere
vgl.	vergleiche
z.B.	zum Beispiel

II Abgeordnete und Fraktion als Arbeitgeber

1 Abgeordnete

Abgeordnete als Teil des Verfassungsorgans Bundestag haben diverse Funktionen innerhalb und außerhalb des Parlaments. Dazu gehören unter anderem „Kreation und Rekrutierung", „Gesetzgebung", „Kontrolle und Initiative" sowie „Repräsentation und Kommunikation".[34] Vor allem in den Sitzungswochen arbeiten die Parlamentarier *innerhalb des Bundestages.* Die meisten Abgeordneten spezialisieren sich auf ein oder mehrere politische Sachgebiete, für die sie in der Fraktion und im entsprechenden Fachausschuss zuständig sind.[35] So ist eine Sitzungswoche gefüllt mit zahlreichen formalisierten Gremiensitzungen der Ausschüsse, der Arbeitsgruppen, des Plenums oder der Fraktion. Die Kommunikations- und Informationsbeziehungen der Abgeordneten sind vielgestaltig. Während sie zum einen etwa den Kontakt zu Kollegen, Parteifreunden oder Interessenvertretern pflegen, wird *außerhalb des Bundestages* vor allem die Beziehung zum Wahlkreis und dessen Bürger als elementar eingestuft.[36] Hier widmen sich Abgeordnete vor allem zahlreichen Repräsentationsaufgaben. Weiterhin richten Parlamentarier ihre Aktivitäten stark auf den Journalismus und die Massenmedien aus, um gezielt die Öffentlichkeit zu erreichen. Deshalb sind die Strukturbedingungen des (regionalen) Mediensystems ein wichtiger Eckpunkt ihres Handelns.[37]

Zur Bewältigung dieser Aufgaben wird allen Abgeordneten des Deutschen Bundestages eine Amtsaustattung gewährt, zu der unter anderem die Bereitstellung eines eingerichteten Büros, die freie Benutzung aller staatlichen Verkehrsmittel, eine Netzkarte der Deutschen Bahn sowie die freie Benutzung der Fernmeldeanlagen des Bundestags gehören.[38] Ferner werden ihnen gegen Nachweis (eigene) Aufwendungen ersetzt sowie solche, die ihnen aus der Beschäftigung von parlamentarischen Mitarbeitern entstehen. Dabei kann jeder Abgeordnete selbst entscheiden, ob er zu

[34] Vgl. Ismayr (2000), S. 34. Dazu ausführlich: Burmeister (1993), S. 106ff. Vgl. auch Herzog (1990-a), S. 83ff. und Patzelt (1991), S. 499.
[35] Vgl. Ismayr (2001), S. 48.
[36] Vgl. Patzelt (1997), S. 139ff. und Patzelt (1996), S. 311ff.; siehe auch Sarcinelli (2005), S. 214ff.
[37] Ausführlicher dazu: Jarren/Donges (2002), S. 63.; Ismayr (2000), S. 91.

seiner Hilfe wissenschaftliche Mitarbeiter, Sachbearbeiter, Sekretärinnen und/oder Schreib- und Bürokräfte einstellt. Er bestimmt allein, wie die Arbeit organisiert und der Arbeitsablauf gestaltet wird. Das kann am Sitz des Bundestages oder im Wahlkreis sein. Der Höchstbetrag für Mitarbeiter je Abgeordneten beträgt derzeit monatlich 14.712,- Euro.[39]

---

[38] Vgl. auch Neubacher/Schult (2002), o.S. Zu den Büros: Bernau (2002), o.S.

[39] Vgl. Abb. 2: Anlage zu den Ausführungsbestimmungen, §12 Abs. 3 AbgG sowie Abb. 3: Muster – Arbeitsvertrag für Abgeordnetenmitarbeiter, (siehe Anhang). Vgl. auch Schwegmann (2004) S. 19f.; Deutscher Bundestag (2003), S. 3; Bundestags-Report (1987), S. 24ff.; Schwimmer S. 392f. und o.A. (2001), o.S.

2 Arbeitsgruppen der Fraktion

Zur gemeinsamen Verfolgung ihrer Interessen schließen sich die Abgeordneten im Bundestag in Fraktionen zusammen.[40] „Mitglieder der Arbeitsgruppen sind die Mitglieder und stellvertretenden Mitglieder der Ausschüsse des Bundestages, für deren Aufgabengebiet die Arbeitsgruppe zuständig ist. Darüber hinaus kann jedes Fraktionsmitglied die Mitgliedschaft in einer Arbeitsgruppe beantragen."[41]
So hat die CDU/CSU-Bundestagsfraktion wie der Deutsche Bundestag strikt arbeitsteilige Strukturen ausgebildet, um der Komplexität und Vielfalt der Gesetzgebungs- und Kontrollaufgaben unter den Bedingungen des demokratischen Rechts- und Sozialstaates gerecht zu werden. Ihre Arbeitsgruppen sind „arbeitsintensive Basisorganisationen", in denen die politischen Themenkreise der Ausschüsse behandelt werden.[42]

Die Vorsitzenden der Arbeitsgruppen sind zugleich deren „Sprecher" und gehören Kraft ihres Amtes dem Fraktionsvorstand an.[43] Bevor in der Fraktionsversammlung eine abschließende Entscheidung getroffen werden kann, sind die Arbeitsgruppen neben dem Fraktionsvorsitzenden, dem Vorstand und einiger informeller Beratungs- und Koordinationsgremien an der fraktionsinternen Willensbildung beteiligt. Die regelmäßigen Sitzungen der Fraktionsgremien finden in den Sitzungswochen Montags und Dienstags statt. *„Sie gehen damit den Zusammenkünften der Ausschüsse (mittwochs) und des Plenums (Mittwoch bis Freitag) voraus"*[44]. Die Aufgabe der AG-Vorsitzenden besteht neben der Sitzungsleitung zum einen darin, die AG-Mitglieder bereits vor der Fraktionssitzung über den Diskussionsstand und die wichtigsten Themen der Vorstandssitzung zu informieren. Zum anderen berichtet er über politische Initiativen anderer Akteure, die das eigene Sachgebiet betreffen. Ein Arbeitsschwerpunkt ist die Vorbereitung der jeweils kommenden Ausschusssitzung sowie der Plenardebatte der laufenden Sitzungswoche. Schließlich werden eigene Initiativen und

[40] Vgl. § 46 Abs. 1 AbgG. Vgl. auch: CDU/CSU-Bundestagsfraktion (2006), o.S.
[41] CDU/CSU-Bundestagsfraktion (2005), S. 6.
[42] Vgl. Ismayr (2000), S. 99ff.; Vetter (2001), S. 24; Schüttemeyer (2002) und Steffani (1988), S. 53. Zur Situation in Bonn: Ertl (1969), S. 52ff.
[43] Vgl. CDU/CSU-Bundestagsfraktion (2005), S. 6.
[44] Vgl. Ismayr (2000), S. 104f.

Stellungnahmen zu Vorlagen Dritter beraten oder Redner für die Debatte im Plenum bestimmt.[45]

Zu ihrer Unterstützung beschäftigt die CDU/CSU-Bundestagsfraktion Arbeitnehmer als wissenschaftliche Mitarbeiter (Referenten), Sachbearbeiter und Sekretäre. Während einige Mitarbeiter vor allem die Fraktionsvorsitzenden bei der Ausübung ihrer Tätigkeit unterstützen, stellen andere, beispielsweise in der Fraktionsdruckerei, vorrangig die Infrastruktur des Zusammenschlusses sicher. Schließlich sind Mitarbeiter der Fraktion in den einzelnen Arbeitsgruppen tätig. Sie unterstützen in erster Linie die Tätigkeit „ihrer" AG bzw. des zuständigen Arbeitsgruppenvorsitzenden, von dem sie ihre Weisungen erhalten.[46] Die Arbeit dieser AG-Referenten wird gemeinsam mit der Arbeit der wissenschaftlichen Abgeordnetenmitarbeiter im folgenden praktischen Teil, dem Schwerpunkt dieser Studie, näher analysiert.

[45] Dazu ausführlicher: Ismayr (2000), S. 104f. Vgl. auch Apel (1970), S. 223ff. und Dexheimer (1970), S. 232ff.

[46] Vgl. Schöne (2005), S. 808; Vetter (2001), S. 24. Daneben gibt es noch weitere Zusammenschlüsse der Fraktion wie zum Beispiel Arbeitskreise. Zur Arbeit für den Fraktionsvorsitzenden vgl. Eilfort (2003), S. 93ff.

III Arbeit wissenschaftlicher Mitarbeiter in Abgeordneten- und Arbeitsgruppenbüros

Das vorliegende Kapitel bildet den Schwerpunkt dieser Studie. Hier wird die Arbeit der wissenschaftlichen Mitarbeiter anhand der in der Einleitung vorgestellten vier ‚Basis-Säulen'[47] gegliedert und auf die Fragestellung hin untersucht.

1 Aufgaben/Arbeitsalltag/Tätigkeiten

Die Arbeit der wissenschaftlichen Mitarbeiter in Abgeordneten- und Arbeitsgruppenbüros ist von bestimmten Aufgaben, Tätigkeiten und Rollenbildern geprägt. Dabei beleuchtet diese Studie zunächst die grundsätzliche Rolle wissenschaftlicher Mitarbeiter, um anschließend deren einzelne Aufgaben näher zu betrachten.

1.1 Abgeordnetenmitarbeiter

1.1.1 Bedeutung im Arbeitsumfeld

Die Rolle wissenschaftlicher Mitarbeiter im Abgeordnetenbüro ist von einer engen, oft persönlichen Beziehung zum Vorgesetzten geprägt, bei der ein persönliches Vertrauensverhältnis zwischen Mitarbeitern und Abgeordneten besondere Bedeutung erfährt.[48] Das Arbeitsverhältnis und die eigene Arbeit sind deshalb sehr stark abhängig von den Eigenarten, den Vorgaben und Wünschen sowie den persönlichen Arbeitsmustern der jeweiligen Parlamentarier. Hier wird jeweils Wert auf unterschiedliche

[47] Vgl. Kapitel I.2.
[48] Vgl. Pilz (2004), S. 669.

Bereiche der Arbeit gelegt;[49] sowohl Arbeitsbelastung als auch Aufgabenpensum der wissenschaftlichen Mitarbeiter variieren stark. In vielen Büros herrscht deshalb ‚Vertrauensarbeitszeit'[50]. Die Qualifikationen der Mitarbeiter sind ebenfalls an die Anforderungen des jeweiligen Abgeordneten angepasst.[51] Aufgrund der Freiheit von Abgeordneten, die Mitarbeiterpauschale[52] den eigenen Bedürfnissen gemäß einzusetzen, variiert mithin auch die Zahl der Beschäftigten im Berliner Büro.[53] Der Typus des Abgeordnetenmitarbeiters ist folglich so wenig zu vereinheitlichen wie die jeweiligen Persönlichkeiten und Anforderungen der Bundestagsabgeordneten.[54]

Im Rahmen dieser Untersuchung kann aufgezeigt werden, dass viele wissenschaftliche Mitarbeiter in den Abgeordnetenbüros ihre eigene Rolle im Büro nicht mit einem klar umrissenen Aufgabengebiet darstellen. Auch die Position und die eigene Bezeichnung ist in der Praxis gänzlich uneinheitlich. So existieren neben dem Begriff „Wissenschaftlicher Mitarbeiter" weitere Bezeichnungen für diese berufliche Position. Häufig verwandt werden unter anderen die Begriffe „Büroleiter" „Persönlicher Referent" oder „Assistent".[55] Die Bedeutung und das damit verbundene Aufgabenfeld sind dabei dennoch variabel. Während nur wenige wissenschaftliche Mitarbeiter angeben, sich nur mit einem speziellen politischen Themenbereich zu beschäftigen, fühlen sich viele für die vollständige Arbeitsorganisation und Arbeitsbewältigung im Berliner Büro des Abgeordneten verantwortlich. Sie sehen ihre Aufgabe darin, dem Abgeordneten so viel Arbeit wie möglich abzunehmen. Dies wird mit Begriffen wie „Geschäftsführerfunktion", „Multitalent" und „Generalist" umschrieben.[56] Hier zeigt

---

[49] *„Der Typus des Wissenschaftlichen Mitarbeiters ist genauso unterschiedlich, wie sein Chef. Wir haben hier 600 Büros, [...] insgesamt sind das 600 kleine, jeweils völlig anders geführte Firmen.*", A2, S. 1; vgl. auch A4, S. 1; Pilz (2004), S. 669.

[50] Vgl. A3, S.8.

[51] Vgl. Pilz (2004), S. 669.

[52] Vgl. Kapitel I.4.

[53] *„Es gibt ja auch Abgeordnete, die mit einem einzigen Mitarbeiter auskommen. [...] Oder ein Abgeordneter organisiert den Schwerpunkt seiner Arbeit im Wahlkreis, das gibt es auch. Ich habe einen Abgeordneten kennen gelernt, der hatte hier eine halbe Stelle. Und alles andere hatte er woanders machen lassen.*", vgl. A3, S. 7.

[54] Vgl. Kapitel 2.1.2.1

[55] *„Ich fühle mich manchmal als Büroleiter und manchmal als normaler Mitarbeiter und manchmal eben auch als Bürohilfskraft, weil eben alles mal anfällt.*", A3, S. 1.; *„Ich bin Wissenschaftlicher Mitarbeiter bzw. Referent bzw. Büroleiter, [...] Ich bin eher so eine Art Koordinator und schaue wie die Abläufe bei uns im Büro funktionieren und greife da auch manchmal ein.*", A1, S. 1.; Siehe auch A3, S. 9.

[56] *„Ansonsten muss man gewissermaßen ein Multitalent sein, wenn man für einen Abgeordneten arbeiten will.*", vgl. A3, S.1 und A2, S. 5. Siehe auch Vgl. A3, S. 7.

sich bereits, dass die Arbeit vieler Abgeordnetenmitarbeiter ein breites inhaltliches und organisatorisches Aufgabenspektrum beinhaltet. Dementsprechend können sich Abgeordnetenmitarbeiter nicht in alle politischen Themenbereiche vertieft und damit in spezialisierender Weise einarbeiten. Dies stellt ein Fraktionsmitarbeiter im Gespräch über die Mitarbeiter der einzelnen Abgeordneten folgendermaßen bezeichnend dar:

> *„Während der normale Abgeordnetenmitarbeiter für wirkliche Themenfelder zuständig ist, die bei jedem Abgeordneten anfallen – das heißt für jeden Brief, der aus dem Wahlkreis kommt – sei es aus dem Bereich Steuern, sei es aus dem Bereich Verteidigung – sei es aus dem Bereich Infrastruktur oder anderem – sind wir in den Arbeitsgruppen einem fachlichen Bereich zugeordnet. [...] Dadurch, dass wir uns nur mit diesen Themen beschäftigen, sind wir tief eingearbeitet in die aktuellen Fragen und sind Ansprechpartner für die Abgeordnetenmitarbeiter, wenn sie Detailfragen zu bestimmten Themen haben."*[57]

Trotz der vielfältigen Aufgaben lassen sich dennoch Tätigkeitsstrukturen erkennen, die für viele Abgeordnetenmitarbeiter in den jeweiligen Büros typisch sind. Nach Auswertung der Untersuchungsergebnisse dieser Studie können die Aufgaben für Abgeordnetenmitarbeiter in die folgenden Bereiche: „Politische Öffentlichkeitsarbeit", „Vorbereitung der Parlamentarischen Arbeit" und „Beratung" gegliedert werden, die im folgenden Kapitel untersucht werden.

1.1.2 Aufgaben

1.1.2.1 Politische Öffentlichkeitsarbeit

Für Abgeordnete ist die politische Öffentlichkeitsarbeit bzw. die Vermittlung von Informationen ein wesentlicher Bestandteil ihrer Arbeit. Sie legen großen Wert auf Öffentlichkeit und sind interessiert daran, Informationen zu vermitteln bzw. zu veröf-

---

[57] Vgl. F2, S. 1. Siehe auch: „*Das ist einerseits das Anstrengende in diesem Beruf hier, dass man immer eine unglaubliche Bandbreite parat haben muss. Ich muss in der Lage sein, alles zu können.*", A2, S. 3 ff.; „*Ich merke das bei Anrufen, die ich bekomme, dass die Abgeordnetenmitarbeiter sich mit Themen oft gar nicht inhaltlich auseinandersetzen.*", F1, S. 3. Vgl. auch Vogt (2004), S. 31.

fentlichen.[58] Dementsprechend bedeutsam ist dieser Bereich für ihre Mitarbeiter.[59] Im Folgenden werden die Bereiche der politischen PR untersucht, die Abgeordnetenmitarbeiter hauptsächlich bearbeiten.

1.1.2.1.1 Schriftverkehr: Briefe/Emails/Faxe

Bei der Auswertung der Expertenbefragungen fällt auf, dass die Abgeordnetenbüros täglich zahlreiche Informationen und Anliegen per Post, Email, Fax oder Telefon erhalten und verarbeiten. Diese Informationen kommen sowohl von Akteuren innerhalb als auch solchen außerhalb des Bundestages.[60]
Während die Informationen von bundestagsinternen Akteuren wie Fraktions- oder Verwaltungsmitarbeitern vor allem zur Vorbereitung der politischen Arbeit der Abgeordneten dienen,[61] stammen viele Informationen wie Briefe oder Emails von bundestagsexternen Akteuren wie beispielsweise Interessenvertretern und Bürgern aus dem Wahlkreis. Verbände und sonstige Interessenvertreter kontaktieren in der Regel einen jeweiligen Abgeordneten in erster Linie aufgrund eigener Anliegen zur Interessendurchsetzung im Rahmen von Gesetzgebungsvorhaben. Dagegen suchen Bürger des Wahlkreises den Kontakt hauptsächlich im Rahmen privater Konflikte, sei es innerhalb kommunaler Strukturen, oder aber aufgrund sonstiger Probleme, bei denen es aus ihrer Sicht politischer bzw. autoritärer Einflussnahme bedarf.[62] Aufgabe der wissenschaftlichen Mitarbeiter ist dabei die Entgegennahme, Sortierung, Bearbeitung und Beantwortung dieser Anliegen.

Auffällig ist, wie zahlreiche Interviewte die Bedeutung des Wahlkreises für die Arbeit der Abgeordnetenbüros betonen. So werden vor allem Schreiben, die einen persönlichen Bezug zum Wahlkreis oder zum politischen Interessengebiet wie dem

58 Vgl. Kapitel I.1 und II.1. Siehe auch Kranenpohl (2001), S. 187ff.; Sarcinelli (2002), S. 62 und Beyme (1997), S. 77.

59 „...*das ist das A&O im politischen Feld. Denn Politik ist ja zum großen Teil Kommunikation.*", A3, S. 20 f.

60 Vgl. A1, S. 9. Vgl. auch Kapitel 1.1.2.1.3.

61 „*Interne Mails sind davon etwa die Hälfte. Also Drucksachen, die verschickt werden, Musterbriefe der Kollegen und anderes.*" A1, S. 9; siehe auch Kapitel 1.1.2.2.

62 Vgl. A1, S. 9.

Ausschuss des jeweiligen Abgeordneten aufweisen, teilweise bevorzugt beantwortet. Dies wird besonders deutlich in der Praxis einzelner Büros, die sich für diejenigen Petitionen, welche einen gewissen Wahlkreisbezug aufweisen, sogar gesonderte Fristen für die Beantwortung dieser Schreiben setzen.[63]
Die Anliegen und Informationen der in den Abgeordnetenbüros eingehenden Schreiben umfassen neben persönlichen Bitten aus dem eigenen Lebensbereich der Petenten aber darüber hinaus auch das gesamte politische Spektrum. So gehen im Abgeordnetenbüro auch Anliegen von Bürgern hinsichtlich allgemeiner politischer Themen beispielsweise zur aktuellen Wirtschafts- Gesundheits- oder Familienpolitik ein.[64] Gleichzeitig sind diese Formulierungen, beispielsweise Anfragen zu laufenden Gesetzgebungsverfahren, oft politisch so aktuell, dass sich der Sachstand des Themas aufgrund der laufenden Abstimmungsrunden und Gremiensitzungen im politischen Prozess geradezu täglich verändern kann. Dies erschwert häufig eine sachgerechte und dennoch persönliche Beantwortung konkret formulierter Anfragen. Schließlich sind Abgeordnete und ihre Mitarbeiter meistens bemüht, auf das jeweilige Anliegen eine detaillierte und zugleich aktuelle Antwort zu liefern, die im Übrigen auch mit der erarbeiteten Position der Fraktion übereinstimmt.

Um eine Beantwortung dieser Fragen zu erleichtern bzw. überhaupt erst zu ermöglichen, stehen wissenschaftlichen Mitarbeitern in der CDU/CSU-Bundestagsfraktion deshalb vor allem die Fraktionsreferenten aus den Facharbeitsgruppen des jeweiligen politischen Sachgebiets für Detailfragen zur Verfügung; Diese beschäftigen sich intensiv mit der fachlichen Materie einer bestimmten Facharbeitsgruppe und liefern ein umfangreicheres Sachwissen. Eine solche Beratung bzw. Information erfolgt unter anderem auf dem klassischen Wege per Telefon oder auch per *Intranet*[65] der CDU/CSU-Fraktion. Darüber hinaus besteht für die Abgeordnetenmitarbeiter die Möglichkeit, Textbausteine oder bereits vollständig entworfene Musterbriefe zu ak-

---

[63] *„Bei uns wird es so gehandhabt: Jede Mail oder jeder Brief, der aus dem Wahlkreis ist oder Wahlkreisbezug hat, muss innerhalb einer festgelegten Frist von drei Wochen beantwortet werden. Das ist eigentlich die Obergrenze. Schaffen wir es nicht, bis dahin eine Antwort zu geben, muss eine Zwischennachricht kommen. Dann müssen wir dort halt anrufen und denen sagen, was wir machen. Das ist eine klare Bedingung [des/der Abgeordneten, der/die] sagt: „Wahlkreissachen sind wichtig.“*, vgl. A1, S. 6. Vgl. auch Speth (2004), S. 168.

[64] Jeder Abgeordnete kann über jedes Gesetz im Deutschen Bundestag abstimmen und ist somit Adressat für Petenten mit Anliegen zu den unterschiedlichsten Bereichen.

[65] Das Intranet ist ein elektronisches Netzwerk und ein Speicherplatz, auf den nur die Akteure der Fraktion mittels ihrer Computer Zugriff haben.

tuellen Themen zu erhalten und zu verwenden, die von den Fraktionsreferenten entsprechend einer jeweiligen Gruppierung im Intranet eingestellt wurden.[66]

1.1.2.1.2 Pressemitteilungen

Bundestagsabgeordnete haben das Interesse, bei der Öffentlichkeit bzw. den Wählern, bestmöglich präsent zu sein, um sich positiv darzustellen.[67] Einen großen Teil der Öffentlichkeit und potentieller Wähler können sie mit Massenmedien wie der Zeitung erreichen. Dabei haben vor allem die jeweiligen Regional- oder Lokalzeitungen im Bundestagswahlkreis des Abgeordneten eine herausragende Bedeutung.[68] Als regionales Printmedium bedient die klassische Tageszeitung die Zielgruppe derjenigen politisch interessierten Menschen mit Informationen, die auch als Wähler für den Abgeordneten in Frage kommen.[69] Gleichzeitig versuchen Abgeordnete aber grundsätzlich auch, in den überregionalen Zeitungen hinreichend präsent zu sein. Mit diesen Medien erreichen sie gezielt die bundesweite Öffentlichkeit und erlauben einem sehr viel breiteren Publikum, ihre Standpunkte oder Einschätzungen zu bestimmten Fachthemen zu erfahren. Während es allgemein für Funktionsträger der Bundestagsfraktion weniger schwierig ist, in den überregionalen Medien präsent zu sein, ist es gerade für Abgeordnete, die neben ihrem Mandat keine weiteren öffentlichkeitswirksamen Ämter innerhalb des Bundestags bekleiden (‚Hinterbänkler'), sehr viel schwerer, mittels dieser Zeitungen Aufmerksamkeit zu erzeugen, da zunächst ein direkter Bezug zur bundesweiten Zielgruppe fehlt bzw. erst hergestellt werden muss.[70]

---

66 *„Mitunter schwierig sind fachliche Mails, die aber keinen Wahlkreisbezug haben. Da muss man abwägen, ob man sich mit der Arbeitsgruppe kurzschließt...“* A1, S. 6; *„Ich muss den Leuten ja nicht auf das Tablett schmieren, dass ich mir die Info teilweise anderweitig besorgt habe. [...] Aber man hat die Möglichkeit, die Informationen, die man braucht im Regelfall zu bekommen.“* A1, S. 7.

67 Sie sind Teil der *„Produktionsgemeinschaft aus Politik, PR und Journalismus“*, vgl. Jarren/Donges (2002); S. 153ff.; siehe auch A1, S. 8.

68 Vgl. A3, S. 7. So ist die erste Handlung vieler Abgeordneter und Mitarbeiter eines jeden Arbeitstages die Lektüre der Lokalzeitung. Vgl. A3, S. 3.

69 Daneben haben viele Lokalzeitungen ein Interesse daran, ihren Lesern aktuelle Informationen über oder mittels des dem Leser zuständigen und bekannten Bundestagsabgeordneten aus dem eigenen Wahlkreis zu präsentieren.

70 *„Dann gibt es noch die überregionale Presse, die dann mehr so grundsätzliche Sachen angeboten bekommt. Das ist aber relativ selten. Man kommt ja auch in den Blättern nicht so gut unter als normaler Abgeordneter. Da muss man schon zufrieden sein, wenn man da einmal im Monat nicht*

Die Aufgabe der „Pressearbeit" kommt in den meisten Abgeordnetenbüros den wissenschaftlichen Mitarbeitern zu. Neben der grundsätzlichen ständigen Kontaktpflege zu Journalisten oder der gelegentlichen Anfertigung von Namensartikeln für ihren Abgeordneten in der Presse, obliegt den Mitarbeitern vor allem die Anfertigung von Pressemitteilungen, die einen hinreichenden Informationsgehalt aufweisen und an die Medien übermittelt werden. Auf diese Weise wird eine ständige Präsenz in den (lokalen) Medien angestrebt.[71] Um dabei die Wahrscheinlichkeit einer Veröffentlichung zu erhöhen, passt sich das Abgeordnetenbüro auch der Medienlogik und der Arbeitsstruktur des jeweiligen Journalisten an.[72] Auch die in den Pressemitteilungen enthaltenen allgemeinpolitischen Themen sind grundsätzlich gezielt ausgewählt und auf die Interessen der jeweiligen Konsumentengruppe des Mediums abgestimmt; sie beziehen sich dabei allerdings nicht notwendigerweise auf das Fachgebiet des Abgeordneten. Die Abgeordnetenmitarbeiter sehen sich mithin als „Vermarkter" dieser Themen an die Zeitung. Dies wird auch anhand folgender Aussage deutlich:

> *„Wahlkreisthemen sind Themen, die den Wahlkreis interessieren müssen. Und da geht es nicht um Ausschusstätigkeit des Abgeordneten, sondern um allgemeine Themen, zum Beispiel um Gesundheitspolitik, die die Bevölkerung interessiert. Das muss man natürlich versuchen zu vermarkten. Oder auch Termine, die [der/die Chef/in] wahrgenommen hat, oder wo [er/sie] Leute empfangen hat, die für den Wahlkreis auch interessant sind, dann wird das vermarktet."*[73]

1.1.2.1.3 Telefonate

Bundestagsabgeordnete stehen neben den bundestagsinternen Akteuren auch externen Akteuren per Telefon zur Verfügung. Wenden sich beispielsweise Bürger, Organisationen, Journalisten oder Lobbyisten an das Abgeordnetenbüro, treten sie zu-

---

an hinterster Stelle eine Möglichkeit hat, etwas zu veröffentlichen. Das macht allerdings auch mehr Arbeit, als so ein Wahlkreispresse-Vorgang. Denn da müssen dann die Journalisten anders bearbeitet werden und gepflegt werden, da muss intensiver recherchiert werden.", A3, S. 7.

[71] Vgl. A1, S. 8 und A3, S. 7.

[72] So wissen viele Abgeordnetenmitarbeiter genau, welcher Redakteur für welchen politischen Themenbereich in der Redaktion zuständig ist und wann die Lokalzeitungen ihres Wahlkreises den Redaktionsschluss einleiten. Vgl. dazu auch Pfetsch (2005), S.34 und Bentele (2005), S. 96; ferner auch Sarcinelli (1997), S. 264.

[73] Vgl. A3, S. 7. Siehe auch F2, S. 7.

nächst fast immer mit einem Mitarbeiter, zum Beispiel dem Büroleiter, telefonisch in Kontakt.
Wissenschaftliche Mitarbeiter sehen es als ihre Aufgabe an, einige dieser zahlreichen Gespräche auch selbst vertretend für den Abgeordneten entgegenzunehmen und zu beantworten. Auffällig ist, dass nach Angabe der Befragten die Anliegen der Anrufer insgesamt eine der politischen Vielfalt entsprechend auffällig große Bandbreite an Themen abdecken.[74] Manche interviewte Mitarbeiter empfinden dabei einige der Anrufe als negativ und sogar lästig. Wenngleich sie die Bandbreite der Anrufe erfreut und herausfordert, betonen sie kritisch ein häufig großes Mitteilungsbedürfnis einiger Bürger und eine damit verbundene Zeitbelastung dieser Aufgabe für ihren Arbeitsalltag. Zugleich wollen sie den Abgeordneten gerade durch die Übernahme und Abwicklung der Gespräche zeitlich entlasten.[75] Die Beurteilung dieser Situation wird durch Umschreibungen wie „abfangen", „abwimmeln" und „absorbieren" deutlich.[76] Dennoch sehen die Mitarbeiter es selbstredend als ihre Kernaufgabe an, den Abgeordneten bestmöglich nach außen zu vertreten und einen freundlichen und souveränen Eindruck beim Gesprächspartner zu vermitteln.[77]

1.1.2.1.4 Reden, Vorträge, Grußworte, Vorworte

An Abgeordnete wird regelmäßig der Wunsch herangetragen, im Bundestag oder bei Veranstaltungen *Reden* bzw. *Vorträge* zu halten. Dabei sprechen sie einerseits über ihre politischen Fachthemen. Andererseits werden sie auch zu anderen Veranstaltun-

[74] *„Das sind die verschiedensten. Es gibt Leute, die völlig legitime Anliegen haben, es gibt Leute, die sich darüber beschweren, dass auf der Landesstraße neben ihrem Haus irgendwelche Motorradfahrer zu schnell fahren und dann die städtische Polizei nicht einschreitet... es ist völlig unterschiedlich. Den Gipfel hat heute [eine Kollegin] erzählt. Ihr Abgeordneter wurde heute von einem Wahlkreisbürger gebeten, kleine Tischfähnchen verschiedener Nationalitäten aufzutreiben. So etwas kann immer passieren. Es kann auch einfach sein, dass ein Lobbyist anruft und sagt. „Hör zu, das und das Gesetz läuft nicht gut und sag Deinem Abgeordneten mal dieses oder jenes."*, A2, S. 3.
[75] *„Es ist besser und billiger, wenn die eine halbe Stunde mich belabern, als die Abgeordneten. Die Quintessens kann ich denen ja dann vermitteln."*, A2, S. 3.
[76] *„Ich denke auch, dass es eine Entlastung ist, Telefonanrufe abzufangen. Also Leute, die ursprünglich die Zeit [meines/r] Abgeordneten stehlen wollten, dann einfach zu absorbieren."*, A2, S. 3; *„Wenn hier einer besoffen am Telefon rumeiert und ich den nicht durchstelle, sondern einfach mit dem rede, bis er eingeschlafen ist, ist das natürlich auch Politik."* A2, S. 8.
[77] Vgl. A2, S. 3.; *„... es ist meiner Meinung nach sehr sinnvoll, den Leuten dann auch eine halbe Stunde zu schenken. Das ist nicht produktiv, aber die haben dann das Gefühl, nicht abgewimmelt zu werden."*A2, S. 3f.

gen wie Betriebsjubiläen von im Wahlkreis ansässigen Unternehmen gebeten, um über andere, allgemeinere Themengebiete zu referieren. Die Ausarbeitung dieser Reden übernehmen in vielen Fällen eigenverantwortlich die wissenschaftlichen Mitarbeiter.[78] In welchem Ausmaß, welchem Stil und in welcher Form dies geschieht, hängt wiederum vom Arbeitsstil und den Erwartungen des jeweiligen Abgeordneten ab.[79] So erwarten einige Abgeordnete vollständig geschriebene Reden, die diese nur akzeptieren, kommentieren oder ggf. ändern und sodann vortragen können, während andere Parlamentarier von ihren Mitarbeitern nur Ideen oder Stichpunkte wünschen. Andere schreiben diese gänzlich Texte selbst.[80] Schließlich verfassen wissenschaftliche Mitarbeiter auch Entwürfe für *Gruß-* und *Vorworte* des Abgeordneten in Publikationen.[81]

1.1.2.1.5 Betreuung von Besuchergruppen

Um die Kommunikation mit Bürgern zu pflegen, können die Volksvertreter Berlinbesuchern aus dem eigenen Wahlkreis einen Besuch bzw. ein Gespräch in den Räumen des Deutschen Bundestages anbieten. *Besuchergruppen,* häufig Schulklassen oder größere Gruppen wie lokale Vereine, die sich auf einem Ausflug in Berlin befinden, nutzen diesen Anlass gern für einen Besuch „ihres" Abgeordneten im Deutschen Bundestag. In den Abgeordnetenbüros werden diese Besuche häufig ganz oder zumindest teilweise von Abgeordnetenmitarbeitern organisiert (und durchgeführt).[82] Sie empfangen und betreuen die Besuchergruppen stellvertretend für den Abgeordneten, sofern dieser, etwa in sitzungsfreien Wochen, nicht selbst vor Ort sein kann.[83] Die Anzahl und Häufigkeit der zu betreuenden Gruppen bestimmt wiederum der jeweilige Abgeordnete selbst. So empfangen einige in sehr geringem Umfang externe Besucher, während andere den Kontakt leichter ermöglichen und leicht einige Tau-

---

[78] Vgl. A3, S. 7.

[79] *„Meine eigene Intention ist ja bei Reden eher polemisch-satirisch, eventuell sogar eher zynisch. Das ist aber bei [ihm/ihr] überhaupt nicht gefragt. Da muss ich mich also umstellen. [...] Andere [...] legen Wert auf andere Dinge."* A3, S. 10.

[80] Vgl. A1, S. 8.

[81] Vgl. A1, S. 8. Vgl. auch Engelhard (2003), o.S.

[82] Vgl. A3, S. 7; siehe auch A1, S. 6.

[83] *„Im Prinzip kommen jede Woche mindestens ein bis zwei Besuchergruppen, die wir betreuen müssen."* A1, S. 6; A3, S. 7.

send Besucher pro Jahr begrüßen.[84] Daneben kann es vorkommen, dass wissenschaftliche Mitarbeiter damit beauftragt werden, ausgewählte Gäste des Abgeordneten wie lokale Politiker oder sonstige politisch interessierte Privatpersonen aus dem Wahlkreis in besonderer Weise zu betreuen. Dies geschieht zum Beispiel in der häufigen Form von privaten Führungen durch das Reichstagsgebäude.[85]

1.1.2.1.6 Betreuung der Homepage

Mit der wachsenden gesellschaftlichen Bedeutung des Internet steigt auch dessen Bedeutung als Medium für Bundestagsabgeordnete. Viele Abgeordnete legen deshalb besonderen Wert auf eine optisch und inhaltlich ansprechende Internetpräsenz. So beschäftigen viele Parlamentarier einen zusätzlichen Mitarbeiter als Webmaster oder gar eine externe Firma für die Information der Bürger über die eigene Homepage. Einige wissenschaftliche Abgeordnetenmitarbeiter sind deshalb für die inhaltliche Bearbeitung der Homepage zuständig und stellen für den Abgeordneten verfasste Texte auf der Internetseite ein. Auf vielen dieser Homepages werden neben privaten Informationen zu Lebenslauf, politischem oder beruflichem Werdegang auch Pressemitteilungen, Fotos und Reden des Abgeordneten für die Öffentlichkeit zur Information angeboten.[86] Die Internetpräsenz eines Abgeordneten ist damit ein nicht zu unterschätzendes Medium für den Kontakt zur Öffentlichkeit und insbesondere zu den Bürgern aus dem Wahlkreis. Oft ist das hier erzeugte Bild des Parlamentariers auch ausschlaggebend für eine Kontaktaufnahme der Bürger des Wahlkreises.

[84] Vgl. A2, S. 7.
[85] *„Es kann passieren, dass ein hochrangiger Bewohner unseres Wahlkreises ein Berlinwochenende organisiert bekommen haben möchte, das so exklusiv sein soll, dass es außerhalb des Wirkungsbereiches der Sekretärin liegt“*. A2, S. 4.; *„Wir haben manchmal so Sonderfälle. Beispielsweise einen ganz seltenen Besucher, denn wir immer auf ganz spezielle Art betreuen müssen. Oder ein Wochenendbesuch. Wo dann gefragt wird, ob wir eine private Bundestagsführung auch mal am Wochenende machen können.“* A1, S. 11.
[86] Vgl. A1, S. 8.

1.1.2.2 Vorbereitung der Parlamentarischen Arbeit

Kapitel III.1.1.1 hat gezeigt, dass Abgeordnetenmitarbeiter grundsätzlich ein sehr breites organisatorisches und inhaltliches Aufgabenfeld bearbeiten. Dies gilt auch für die parlamentarische Arbeit selbst. So haben Abgeordnete viele Aufgaben und Termine zu erfüllen, deren Gelingen *organisatorische* bzw. *inhaltliche* Unterstützung verlangt. Welche Tätigkeiten wissenschaftliche Mitarbeiter dabei in welchem Umfang ausführen, hängt wiederum davon ab, worauf der Abgeordnete Wert legt und wie das jeweilige Abgeordnetenbüro die Arbeitsstruktur grundsätzlich organisiert hat. Deshalb fallen je nach Büroorganisation bestimmte vorbereitende und organisatorische Aufgaben auch eher in den Zuständigkeitsbereich einer Sekretärin.[87]

Neben anderen Aufgaben nehmen Abgeordnete in vielfältiger Form –innerhalb und außerhalb des Bundestags *Termine* wahr, die ein sehr breites Themenspektrum abdecken. Zahlreiche der bundestagsexternen Termine finden in den sitzungsfreien Wochen im Wahlkreis des Abgeordneten statt.[88] Eine wesentliche Aufgabe vieler wissenschaftlicher Mitarbeiter besteht dabei im Einordnen, Abstimmen und Koordinieren von Terminen sowie in der Durchführung von Hintergrundrecherchen, die für den Termin anfallen.

Schließlich zählt auch die *Gremienvorbereitung* zu den Aufgaben wissenschaftlicher Abgeordnetenmitarbeiter.[89] Wissenschaftliche Mitarbeiter müssen sich in das jeweilige politische Ausschuss- bzw. Arbeitsgruppenthema des Abgeordneten einarbeiten und diesen vor allem auf die anstehenden Sitzungen mit den einzelnen politischen Sitzungspunkten inhaltlich sowie organisatorisch vorbereiten. Die Ausschussarbeit muss besonders intensiv werden, sofern der eigene Abgeordnete als Berichterstatter für ein bestimmtes Thema in seinem Ausschuss fungiert.[90] Weiterhin kann es vor-

---

[87] *„Wissenschaftliche Mitarbeiter sind eben Mädchen für alles. Die müssen die Gäste zum Beispiel beim Pförtner abholen, sie dort wieder hinbringen, Kaffee kochen gehört manchmal auch noch mit dazu. Es ist nicht immer die Sekretärin, die das machen kann. Deren Arbeit machen die Wissenschaftlichen ja teilweise noch mit. [...] Das „wie" ist hier eigentlich entscheidend, nicht so sehr das Inhaltliche."*, A3, S. 6. Siehe auch A3, S. 11. Siehe auch Sonnenberg (2002), o.S.

[88] In einigen Fällen werden diese Termine auch vom jeweiligen Wahlkreisbüro vorbereitet. Vgl. zur parlamentarischen Sommerpause: Feldkamp (2007).

[89] Vgl. F1, S. 3. Vgl. auch Beyme (1997), S. 197ff.

[90] *„Weil die jeweiligen Chefs im [Kernthema der Arbeitsgruppe]-ausschuss Berichterstatter für bestimmte Themen sind und sich spezialisieren, beispielsweise im [Kernthema der Arbeitsgruppe]-*

kommen, dass Abgeordnetenmitarbeiter Anhörungen organisieren.[91] Zu vielen im Ausschuss behandelten Themen müssen Papiere und Drucksachen gesichtet, ausgewertet, eingeordnet oder gar selbst verfasst werden.[92] Diese ‚Ausschuss-' bzw. ‚Arbeitsgruppenbegleitung' wird von zahlreichen Interviewten als sehr wichtige Aufgabe eingestuft. Oft wird auf diese Art der Vorbereitung hohen Wert gelegt, da sich ein Parlamentarier insbesondere über die Ausschussarbeit auch beruflich profilieren kann.[93]

1.1.2.3 Beratung des Vorgesetzten

Die Frage, ob und in welcher Form Abgeordnetenmitarbeiter ihren Abgeordneten beraten, hängt von den Bedingungen des jeweiligen Abgeordnetenbüros ab. So verstehen sich fast alle befragten Abgeordnetenmitarbeiter im weitesten Sinne als Berater ihres Vorgesetzten. Dagegen wird deutlich, dass diese Beratung in vielen Büros überhaupt nicht formalisiert ist und weniger der Behandlung von fachlichen Sachfragen gilt, als vielmehr der generellen Unterstützung des Abgeordneten in vielen Bereichen. Demgemäß werden Abgeordnetenmitarbeiter etwa nach deren Einschätzung gefragt, ob der Abgeordnete ein politisches Thema behandeln oder ein Interview annehmen soll.[94] Es handelt sich mithin oft um eine schlicht persönlich motivierte Beratungstätigkeit, die das Vertrauensverhältnis widerspiegelt. Die Beratung anderer Abgeordneter der Fraktion gehört dagegen grundsätzlich nicht zu den Aufgaben von Abgeordnetenmitarbeitern.

---

ausschuss jemand für Regionalpolitik. Dann kennt sich typischerweise der Mitarbeiter dieses Abgeordneten dort auch besonders gut aus, weil dieser Mitarbeiter den Abgeordneten häufig in diesen Themen vorbereiten muss - für die AG-Sitzungen, und für andere Dinge." F2, S. 1; Siehe auch F1, S. 3 und A2, S. 4.

[91] Vgl. A1, S. 7.

[92] Vgl. A1, S. 6.

[93] „*...die Ausschussbegleitung. Das ist der Schwerpunkt der Arbeit, weil es auch der Wichtigste für [den/die Abgeordnete/n] ist und [er/sie] sich ja darüber auch profilieren kann.*", A3, S. 7.

[94] „*Also mitdenken, das machen wir [...] Insofern sind wir da auch Berater.*", A3, S. 13. Vgl. auch A2, S. 9; A1, S. 21; Buchsteiner (1998), o.S.

1.2 AG-Referenten

1.2.1 Bedeutung im Arbeitsumfeld

Da AG-Referenten Angestellte der Fraktion sind, bezeichnen sich die meisten schlicht als „Referenten“[95]. Sie haben vor allem Aufgaben für den AG-Vorsitzenden zu erfüllen. Die Rolle vieler AG-Referenten ist von einer engen, aber relativ unabhängigen Rolle zum jeweiligen Arbeitsgruppensprecher geprägt. Die eigene Arbeit ist daher nur bedingt abhängig von Verhaltensmustern des jeweiligen Vorgesetzten. Zugleich stehen AG-Referenten aber immer auch anderen Abgeordneten der Fraktion und deren Abgeordnetenmitarbeitern mit Beratungsleistungen in ihrem jeweiligen Fachbereich zur Verfügung. Aufgrund dieser fachlichen Zuständigkeit, die sich auf den Kernbereich der Arbeitsgruppe begrenzt, ist die Arbeit wissenschaftlicher Mitarbeiter in Fraktionen (AGs) insgesamt auf engere Themenbereiche konzentriert und mithin stärker inhaltlich geprägt. Laut der Befragten können sie sich deshalb sehr viel tiefer in einzelne politische Fragen einarbeiten als Mitarbeiter einzelner Abgeordneter:

> *„Während der normale Abgeordnetenmitarbeiter für wirkliche Themenfelder zuständig ist, die bei jedem Abgeordneten anfallen – das heißt für jeden Brief, der aus dem Wahlkreis kommt – sei es aus dem Bereich Steuern, sei es aus dem Bereich Verteidigung – sei es aus dem Bereich Infrastruktur oder anderem – sind wir in den Arbeitsgruppen einem fachlichen Bereich zugeordnet. [...] Dadurch, dass wir uns nur mit diesen Themen beschäftigen, sind wir tief eingearbeitet in die aktuellen Fragen und sind Ansprechpartner für die Abgeordnetenmitarbeiter, wenn sie Detailfragen zu bestimmten Themen haben.“* [96]

So sehen sich Referenten auch als „Konterpart“ zum jeweiligen Ministerium, das für den gleichen politischen Kernbereich zuständig ist. Ungeachtet der unterschiedlichen Situationen in den jeweiligen Arbeitsgruppenbüros lassen sich grundsätzliche Tätigkeitsstrukturen erkennen, die für viele AG-Referenten in den jeweiligen Büros typisch sind. So lassen sich die Aufgaben ebenfalls wie bei den AM in die Bereiche „Politische Öffentlichkeitsarbeit“, „Vorbereitung der parlamentarischen Arbeit“ und „Beratung“ gliedern. Allerdings unterteilt sich der letzte Bereich in „Beratung für

---

[95] Daneben gibt es AG-Referenten, die sich „[Politisches Kernthema der AG]-Berater“ nennen. Vgl. F4, S. 1.

[96] Vgl. F2, S. 1. Siehe auch F3, S. 2.

den Vorgesetzten“ und „Beratung für andere Abgeordnete der Fraktion“. Im Folgenden werden diese Bereiche näher untersucht.

1.2.2 Aufgaben

1.2.2.1 Politische Öffentlichkeitsarbeit

Viele Abgeordnete, die das Amt des Sprechers einer AG bekleiden, legen in dieser Funktion großen Wert auf Öffentlichkeitsarbeit. Sie haben primäres Interesse daran, gezielt auserwählte Informationen über ihre jeweilige Position bzw. die politische Position der Arbeitsgruppe zu einem Fachthema zu veröffentlichen.[97]
Mittels der *bundestagsinternen* Öffentlichkeitsarbeit kommunizieren Sprecher vor allem bezüglich ihres jeweiligen politischen Fachbereiches mit Akteuren innerhalb des Bundestages.[98] Die *bundestagsexterne* Öffentlichkeitsarbeit bezieht sich auf Akteure außerhalb des Bundestages. Da die Politik einer Bundestagsfraktion die gesamte deutsche Öffentlichkeit betrifft, verfolgen Sprecher und ihre Mitarbeiter das Ziel, ihre Öffentlichkeitsarbeit in starkem Maße auf den Journalismus und die Massenmedien auszurichten.
Die Befragung zeigt, dass sowohl die interne als auch die externe Öffentlichkeitsarbeit von AG-Referenten vorbereitet wird. Ihre Arbeit konzentriert sich jedoch ausschließlich auf das politische Rahmenthema, für das ihre Arbeitsgruppe zuständig ist. Die Betreuung von Besuchergruppen zählt beispielsweise gewöhnlich nicht zu den Aufgaben von Mitarbeitern der Fraktion.[99]

---

[97] Vgl.F2, S. 12. Siehe auch Marschall (2001), S.174f. Zur Öffentlichkeitsarbeit von Fraktionen vgl. Klein (2004), S. 263.
[98] Vgl. dazu Kapitel 1.2.2.3.2.
[99] „*Wir Fraktionsreferenten sind im Hintergrund tätig – wie auch die persönlichen Mitarbeiter.*“, F2, S. 12; „*Das beginnt mit recherchieren oder Presseerklärungen schreiben, Reden schreiben, Vorträge schreiben, [...] Pressekonferenzen – seltener, aber auch – vorbereiten, die Texte dafür nacharbeiten, die Journalisten vielleicht noch einmal nachbriefen, wenn man sagt, da hätte vielleicht dies oder jenes auch noch gesagt werden müssen...*“, F4, S. 5; siehe auch F2, S. 1.

1.2.2.1.1 Schriftverkehr: Briefe/Emails/Faxe

Ein Teil der Arbeit von AG-Referenten besteht in der *Beantwortung von Schreiben* bzw. *Emails*, die an den Arbeitsgruppensprecher in seiner Funktion als solcher gesandt werden. In den Büros der Arbeitsgruppensprecher gehen die Informationen per Post, Email, Fax oder Telefon mit Anliegen und Informationen von bundestagsinternen Akteuren, d.h. Abgeordnete oder Fachausschüsse, sowie bundestagsexternen Akteuren, d.h. Interessengruppen, politische Instanzen oder auch Bürger, ein.[100] Aufgabe der Referenten ist die Bearbeitung und Beantwortung dieser Schreiben. Dabei steht hier aufgrund der Spezifität vor allem die detailreiche inhaltliche Arbeit am Thema im Mittelpunkt.

1.2.2.1.2 Pressemitteilungen

Eine wesentliche Aufgabe ist die Erstellung von *Pressemitteilungen.* Zielgruppen sind grundsätzlich überregionale Medien wie zum Beispiel bundesweit erscheinende Tageszeitungen. Die Themen orientieren sich am Kernthema der Facharbeitsgruppe. Dabei sind AG-Referenten für die Vermittlung der Pressemitteilungen an Journalisten verantwortlich, um den gewünschten Erfolg der Veröffentlichung und weiteren Verbreitung zu erzielen.[101]

1.2.2.1.3 Telefonate

Wie die AG-Sprecher selbst, stehen auch die Fraktionsreferenten allen Interessenten und Informationsbedürftigen, d.h. sowohl Verbänden, Medien und Journalisten, aber auch Bürgern und insbesondere den Abgeordnetenbüros des Deutschen Bundestags für Berichterstattung und Auskunft zur Verfügung.[102] Dabei knüpfen ihre Anliegen

---

[100] *„[Unser/e Sprecher/in] wird von sehr vielen Gruppierungen angeschrieben"*, F1, S. 10.

[101] *„Insofern ist natürlich der Ehrgeiz eines jeden Mitarbeiters [dieses/r Sprechers/in], dass er möglichst häufig und fundiert zu [Thema der Arbeitsgruppe]-politischen Themen –oder zu Themen, für die [er/sie] als [Sprecher/in] zuständig ist, in den Medien ist."*, F4, S. 7; siehe auch F4, S. 5.

[102] Vgl. Kapitel 1.2.2.3.2.

oder Positionen grundsätzlich an gezielte politische Sachverhalte an.[103] Es fällt auf, dass einige Fraktionsreferenten vor allem Telefonate mit Bürgern als aufdringlich bzw. zeitintensiv betrachten. Die An- und Übernahme der Telefongespräche durch die Sekretärinnen empfinden sie dagegen als nennenswerte Entlastung ihrer Arbeit.[104] Auffällig ist auch, dass die Referenten telefonische Auskünfte zumeist überwiegend während der sitzungsfreien Wochen der parlamentarischen Arbeit erteilen.

1.2.2.1.4 Reden, Vorträge, Grußworte, Vorworte

Allgemein üblich für AG-Referenten ist auch das Verfassen von *Reden, Vorträgen, Gruß- und Vorworten.*[105] Wiederum bestimmen sich quantitatives Ausmaß, Stil und Form nach dem jeweiligen Sprecher. Kennzeichnend für den Inhalt eines jeden Textes ist jedoch grundsätzlich der spezifische Zusammenhang mit dem Kernthema der jeweiligen Arbeitsgruppe. Sämtliche im Zusammenhang mit der Arbeitsgruppe zu verfassenden Texte unterstehen dem übergeordneten Ziel, die Facharbeit der AG bzw. Fraktion darzustellen und zu repräsentieren. In manchen Arbeitsgruppen ist auch ein Referent für diese Aufgabe allein zuständig.[106]

[103] *„Wir werden häufig zu den aktuellen Fragen angerufen, wir werden häufig von Verbänden angerufen, die in ihrem Sinne auf die Gesetzgebung Einfluss nehmen wollen, die ihre Interessenspunkte uns gegenüber darlegen wollen.*“, F2, S. 4.

[104] *“Im Zweifel nehmen sie [sie Sekretärinnen] einem auch viele Telefonate ab. Denn hier rufen auch viele Bürger an und mit denen kann man sich doch nicht ständig unterhalten. Das sind dann meistens ganz üble Gestalten. Ich selbst würde nie auf die Idee kommen, hier anzurufen. Diese Leute glauben dann auch oft, sie hätten den Abgeordneten XY hier am Telefon und er hätte nichts anderes zu tun, als sich mit ihnen zu unterhalten. Es ist also eine verrückte Welt hier, seien es die Emails oder die Telefonate.*“, F3, S. 7.

[105] Vgl. F2, S. 7.

[106] Vgl. F1, S. 1.

1.2.2.2 Vorbereitung der Parlamentarischen Arbeit

Ein wesentlicher und besonders umfangreicher Aufgabenbereich von AG-Referenten ist die Vorbereitung der fachlichen parlamentarischen Arbeit des Sprechers.[107] Diese umfasst neben organisatorischer Tätigkeit vor allem die inhaltliche Vorbereitung der fachlichen *Termine* des Arbeitsgruppenvorsitzenden wie Interviewtermine oder Dienstreisen.[108]

Im Rahmen der Untersuchung wird deutlich, dass ein Großteil der Termine der Arbeitsgruppensprecher aus bundestagsinterner *Gremienarbeit* besteht, welche von den AG-Referenten vorbereitet werden. So ist ihr Arbeitsalltag insbesondere in den Sitzungswochen besonders von der regelmäßigen fachspezifischen Sitzungsvorbereitung für ihren Arbeitsgruppensprecher geprägt.[109]

Die Vorbereitung dieser Sitzungen beginnt teilweise bereits in der vorausgehenden Woche und reicht bis die laufende Sitzungswoche hinein.[110] Da die Arbeitsgruppensprecher der CDU/CSU-Fraktion im Deutschen Bundestag aufgrund ihrer jeweiligen Funktion als Vorsitzende der Arbeitsgruppen zugleich Mitglied des Fraktionsvorstandes sind, bereiten AG-Referenten auch die am Montag beginnende Fraktionsvorstandssitzung für Ihren Sprecher vor.[111] Dienstags finden die einzelnen Arbeitsgrup-

---

[107] „*...wir [haben] die Funktion, [unserem/er Chef/in], also [dem/der Sprecher/in] in meinem Fall, direkt für alles zur Verfügung zu stehen, was [seine/ihre] dienstliche Tätigkeit betrifft.*“, F2, S. 2. Vgl. auch Kröter (2000), o.S.

[108] „*Das heißt Gespräche, die [er/sie] mit Verbänden geführt hat, die [er/sie] vielleicht mit politischen Führungspersonen aus dem Ministerium zu bestreiten hat [...], für die Arbeitsgruppensitzungsvorbereitung, Sprechzettel- für die Ausschusssitzungen, Sprechzettel- für die Reden im Plenum...*“, F2, S. 2.

[109] Vgl. Kapitel II.2. „*...wir [arbeiten] direkt den Arbeitsgruppensprechern zu und bereiten deren Sitzungen vor, das heißt auch die Sitzungen der Arbeitsgruppe, des Ausschusses.*“, F2, S. 1; „*[Der/die] soll zu seinen ganzen Veranstaltungen gehen und einen guten Eindruck machen. Das muss alles gut vorbereitet sein.*“ F3, S. 8. Siehe auch F3, S. 4.

[110] „*Schließlich ist auch in Nichtsitzungswochen der Donnerstag, Freitag und teilweise auch der Mittwoch wieder ausgefüllt durch die Vorbereitung der nächsten Sitzungswoche.*“ F4, S. 7. Siehe auch F3, S. 4.

[111] „*Dann haben wir am Montag noch mehrere Abstimmungsrunden für die jeweilige Woche mit der SPD-Fraktion - also dem Koalitionspartner. Das sind zum einen die [Name der Arbeitsgruppe]-Sprecher der beiden Fraktionen, die sich absprechen. Dann sprechen sich die Stellvertretenden Fraktionsvorsitzenden ab – da sind wir aber nicht dabei, das müssen wir aber mit vorbereiten. Aber wenn die [Name der Arbeitsgruppe] – Sprecher sich mit dem Ministerium abstimmen, wie die Woche aussieht und auf was man achten muss, - da sind wir dann schon dabei. Diese Abstimmungsrunden mit der SPD beginnen oft erst gegen 18 oder 19 Uhr. Dann wird der Montag lang.*“, F1, S. 6.

pensitzungen sowie die Fraktionssitzung statt.[112] Die einzelnen Ausschüsse tagen sodann am Mittwoch bzw. Donnerstag und das Plenum wiederum Donnerstag bzw. Freitag. Auch diese Gremien bereiten AG-Referenten für ihren Sprecher vor, sofern dieser sie in seiner Funktion als AG-Vorsitzender wahrnimmt.[113]

Die Vorbereitung auf diese Gremiensitzungen beinhaltet die inhaltliche Recherche, Aufbereitung und teilweise die Bewertung der in der Sitzung zu behandelnden Punkte. Referenten fertigen dazu Sprechzettel[114] und Sachverhaltsdarstellungen für einzelne Tagesordnungspunkte an[115] und erstellen ggf. Entscheidungsempfehlungen für die Abstimmung der Arbeitsgruppe zu den einzelnen Tagesordnungspunkten im Ausschuss.[116] Dies gilt auch für Anträge und Gesetzesentwürfe, die von Mitgliedern der Fraktion initiiert werden (so genannte ‚Fraktionsinitiativen') und von den betroffenen Arbeitsgruppen für den Fraktionsvorstand bewertet werden müssen.[117] AG-Mitarbeiter sehen es ferner als ihre Aufgabe an, ihre Vorgesetzten über die aktuellsten Entwicklungen des jeweiligen Kernthemas der Arbeitsgruppe zu informieren.[118] Schließlich nehmen sie inhaltliche Aufträge des Sprechers entgegen und führen ge-

---

[112] *"Dann gehen wir um neun Uhr rüber in das Paul-Löbe-Haus zur Arbeitsgruppensitzung. Da tagt dann die Arbeitsgruppe [Name der Arbeitsgruppe] der Unionsfraktion von [...] Uhr erst einmal allein. Ab [...] Uhr dann tagt sie gemeinsam mit dem Koalitionspartner, der SPD-Fraktion, bis mittags. Dann kommen wir wieder zurück und besprechen, welche Aufträge wir aus der Arbeitsgruppensitzung mitgenommen haben. Um 15 Uhr ist dann die Fraktionssitzung, wo wir dann auch hingehen. Wir kommen dann zurück und besprechen dann einiges mit [dem/der] [Name der Arbeitsgruppe]-[Sprecher/in], was noch so anliegt.*", F1, S. 6; *„Ja und dann Dienstag eben Arbeitsgruppensitzung morgens um halb zehn – alles was in der Arbeitsgruppe gemacht wird muss dann organisiert werden – da ist ja immer die Kauderrunde – also die Runde des Fraktionsvorsitzenden mit den Sprechern vor der Fraktionssitzung, dann kommt die Fraktionssitzung.*" F3, S. 4.

[113] Vgl. F3, S. 4. Siehe auch Deutscher Bundestag (2003), S. 6f. und Althammer (1969), S. 59.

[114] „Sprechzettel" sind „Vermerke" für den Vorgesetzten.

[115] Vgl. F2, S. 2.

[116] *„...wir [schreiben] für jeden Tagesordnungspunkt, den wir im Ausschuss haben [...] einen Sprechzettel. Der beinhaltet eine Sachverhaltsdarstellung und einen Vorschlag für ein Votum, wie die Arbeitsgruppe sich im Ausschuss verhalten soll – Zustimmung, Enthaltung oder Ablehnung. Diese Vorbereitung findet dann Donnerstag und Freitag statt. [...] Man muss zu jedem Punkt recherchieren und erhält auch Vorlagen, die dem Ausschuss vorliegen zu jedem Punkt. [...] Theoretisch muss das bis Freitagmittag schon wieder fertig sein, denn dann stimmen sich die beiden [Name der Arbeitsgruppe]-Sprecher der Koalitionsfraktionen ab.*", F4, S. 6f.

[117] *„Nebenbei kommen auch viele Fraktionsinitiativen [...] die wir auch bis Freitagmittag aus der Sicht unserer Arbeitsgruppe bewerten müssen. Wir sind dann aufgefordert unsere Meinung dazu an die Fraktionsgeschäftsführung weiterzugeben. Freitagnachmittag kommen dann die Fraktionsinitiativen noch einmal zurück – und zwar in einer zwischen allen Arbeitsgruppen abgestimmten Form. Auch dafür machen wir für [unsere/n Vorgesetzte/n, den/die Arbeitsgruppensprecher/in], eine Vorbereitung und geben ein Votum ab, wie sich die Arbeitsgruppe in der Fraktion dazu verhalten soll. [...] Dann wird das an [den/die AG-Sprecher/in] gefaxt oder gemailt, damit [er/sie] das auf jeden Fall für das Wochenende schon hat.*", F4, S. 7.

[118] Vgl. F1, S. 7.

zielt Abstimmungsgespräche zu den in den Gremien behandelten Punkten.[119] Sie recherchieren nach Ansprechpartnern und Experten für Anhörungen[120], beobachten die Gremiensitzungen und sind bei fast allen wichtigen fachlichen Zusammenkünften des Sprechers anwesend, um auch während der Sitzungen bei Rückfragen ihrem Sprecher sowie gegebenenfalls dem Koalitionspartner, Ministerialbeamten oder Journalisten mit Materialien sowie Fach- und Hintergrundwissen zur Verfügung zu stehen.[121]

1.2.2.3 Beratung

1.2.2.3.1 Beratung des Vorgesetzten

Grundsätzlich verfügen die Referenten über fachbezogenes Expertenwissen, das für diesen Beruf unerlässlich ist. Dieses Wissen geben die Referenten im Wege der Beratung an ihren Sprecher weiter. So sehen sich alle Befragten im Rahmen der Interviews explizit als „Berater" ihres Sprechers.[122] Art, Form und Ausmaß richten sich unter anderem nach dem Erfahrungsschatz des Sprechers bzw. des Referenten.[123]

---

119 *„Dann kommen wir wieder zurück und besprechen, welche Aufträge wir aus der Arbeitsgruppensitzung mitgenommen haben.*", Vgl. F1, S. 6.

120 *„... inhaltlich - Tagesordnung - was muss man ansprechen, wen muss man holen, wenn man zu einem Thema inhaltlich einen Experten braucht.*" F3, S. 4.

121 *„Wir sitzen hinter [dem/der Sprecher/in], [unserem/er Chef/in], beobachten die Sitzung und halten Kontakt mit dem Koalitionspartner. Wenn es irgendwo Schwierigkeiten gibt, schauen wir, dass man sich gegenseitig abstimmt, damit es im Ausschuss nicht zur Unruhe innerhalb der Koalition kommt. Wir liefern Material für [den/die] [Thema der Arbeitsgruppe]-[Sprecher/in], wenn wir sehen, dass [er/sie] zu etwas nichts hat oder ihm Material fehlt. Da man ihn zu bestimmten Dingen briefen muss, muss man zu allen Punkten bescheid wissen. Man hält Kontakt zu den Mitarbeitern unseres Ministeriums, die zu jedem Tagesordnungspunkt vor Ort sind. Dann gibt es Kontakt zu Journalisten, da sie wissen wollen, wie sich der Ausschuss zu bestimmten Themen verhalten hat. [...]Wir Referenten hexen ständig herum – wir sitzen kaum am Platz.* ", F1, S. 7. Vgl. auch F3, S. 5. Allerdings dürfen die Referenten sich nicht aktiv an der Sitzungsdiskussion beteiligen: *„Das ist nur den Abgeordneten vorbehalten. Was wir können, ist den Abgeordneten etwas ins Ohr flüstern, was sie doch bitte ansprechen mögen.*" F1, S. 8, siehe dazu auch Kapitel 2.1.2.1.

122 *„Ja, wir sind auch Berater [...] Wir haben also auch eine klar beratende Funktion, ja.*" F2, S. 7. Siehe F3, S. 6; F1, S. 8.

123 *„[Der/die vorhergehende Sprecher/in] hat schon zehn Jahre [Politisches Kernthema der Arbeitsgruppe]-politik gemacht. [Der/die] hat mich auch in vielen Fällen gefragt, aber in einigen politischen Dingen, die hat [er/sie] mit zig politischen Sachverständigen schon rauf und runter durchgekaspert. Da hat [er/sie] mich nicht wirklich gebraucht. Jetzt [der/die] neue – es gibt ja jetzt [eine/n neue/n] in unserem Bereich – [der/die] fragt auch in den Dingen mehr, weil [er/sie] dort noch*

Kernpunkt der Arbeit ist dabei die Beratung in inhaltlichen Detailfragen des Fachgebietes der Arbeitsgruppe.[124] Als Formen der Beratung werden neben dem Anfertigen von Texten oder Sprechzetteln auch Stellungnahmen zu bestimmten Themen genannt. Dies kann mündlich auf Anfrage des Abgeordneten oder durch die regelmäßige Anfertigung von schriftlichen Stellungnahmen und Entscheidungsempfehlungen bei Fraktionsinitiativen oder Ausschussentscheidungen geschehen.[125] Weiterhin werden Referenten von Sprechern auch um Einschätzung bei der Entscheidung über die Annahme von Interviewanfragen gebeten bzw. um Ratschläge hinsichtlich der an die Öffentlichkeit kommunizierten Inhalte.[126] Schließlich beraten sie ihre Vorgesetzten bei Zusammenkünften mit anderen Akteuren bezüglich der Themeninhalte und der Botschaften durch die Gespräche.[127] Während der Sitzungen erfährt die Beratung hingegen eher den Charakter eines „Stichwortgebers".[128]

1.2.2.3.2 Beratung anderer Abgeordnete der Fraktion

Neben der Beratungsfunktion als Experten für ihren Arbeitsgruppensprecher stehen AG-Referenten auch anderen Bundestagsabgeordneten mit fachlicher Beratung zur Verfügung. Dies gilt zum einen für die Mitglieder der eigenen Arbeitsgruppe als auch für alle übrigen Abgeordneten der Fraktion.[129]

---

nicht aufgestellt ist. [...] Es hängt also immer von den Mitarbeitern ab und zum anderen sicher auch von den Entscheidern, inwieweit die auf den Rat zurückgreifen. " F3, S. 6. Vgl. auch Grunenberg (2001), o.S.

124 *„Abgeordnete interessieren sich nie für Details. Da ist man dann natürlich ständig Berater. Weil man dann immer herausfinden muss, warum das so ist und warum das nicht anders gehen kann.*", F3, S. 6. Vgl. auch Krüger (2003), o.S.

125 *„Ja, wir sind auch Berater, weil unsere Chefs von uns häufig Entwürfe von Reden, von Stellungnahmen haben wollen, Briefentwürfe.*", F2, S. 7 *„[Er/Sie] gibt uns oft Texte und bittet uns, sie durchzulesen und ihn anschließend dazu zu beraten.*", F1, S. 8; *„Da man ihn zu bestimmten Dingen briefen muss, muss man zu allen Punkten bescheid wissen.*", F1, S. 7; *„Auch dafür machen wir für [unsere/n Vorgesetzte/n, den/die Arbeitsgruppensprecher/in], eine Vorbereitung und geben ein Votum ab, wie sich die Arbeitsgruppe in der Fraktion dazu verhalten soll.*", F1, S. 7.

126 *„Da telefoniert man mal: „Soll ich ein Interview annehmen, ja/nein? Und was sagt man dann, wenn man es annimmt?" und so. Das ist ja unser Job zu beraten.*", F3, S. 5.

127 *„...Fragenkataloge, noch besser wäre, wenn Sie einen Text mitliefern: Was sind die Botschaften, die der Abgeordnete verbal übermittel soll...*", F4, S. 5.

128 *„Im Zweifel fragen Sie nur „Wie ist denn noch mal die Zahl, wie ist denn noch mal dies, wie ist [...] dass?"*, F3, S. 5.

129 *„Ja, das sind unsere beiden Hüte, die wir aufhaben. Einerseits stehen wir für alle 240, oder wie viel Unionsabgeordnete es sind, für Fragen zum Thema [Politisches Kernthema der Arbeitsgruppe] zur Verfügung. [...] Und ansonsten haben wir die Funktion, [dem/der Sprecher/in] in meinem*

Von Bundestagsabgeordneten wird oft verlangt, sich zu einer insgesamt großen Bandbreite politischer Themen zu äußern; sie konzentrieren ihre Arbeit und somit ihr Fachwissen allerdings durch Mitgliedschaften in wenigen gewählten Ausschüssen auf bestimmte Bereiche. Um sich auch zu allen anderen politischen Belangen aktuell und inhaltlich möglichst optimal äußern zu können, haben Abgeordnete bzw. ihre Mitarbeiter die Möglichkeit, sich mit fachlichem Beratungsbedarf an die Referenten aller Arbeitsgruppen der Fraktion zu wenden.[130] In der Praxis wenden sich vor allem die AM an die Referenten einer Arbeitsgruppe.[131] Diese Informationen werden (fern-)mündlich, aber auch durch Bereitstellung vorformulierter Textbausteine, Reden, Argumentationsstränge, Fragen und Antworten sowie fertiger Musterbriefe gegeben.[132]

Dabei fällt auf, dass die Fraktionsreferenten vor allem zu aktuell anstehenden Gesetzesentscheidungen ihres Fachbereichs besonders viele, oft gleich lautende Anfragen erhalten.[133] Um Synergieeffekte zu nutzen, stellen Referenten Informationen zunehmend auch über das Intranet der Fraktion zur Verfügung.[134] Da viele Referenten in Sitzungswochen stark mit der Vorbereitung und Durchführung derselbigen bzw. der Teilnahme an den Sitzungen beschäftigt sind, ist ein persönliches Tätigwerden für andere Abgeordnete oder deren Mitarbeiter vor allem auf die sitzungsfreien Wochen konzentriert.[135] Im Rahmen der Befragung wurde zudem deutlich, dass ihre Arbeit

---

Fall, direkt für alles zur Verfügung zu stehen, was [seine/ihre] dienstliche Tätigkeit betrifft. [...] Also haben wir diese beiden Funktionen.", F2, S. 2. Vgl. auch Lemke-Müller (1999), S. 299.

130 *„... man kann dann ja im Prinzip Dienstleister für MdB-Büros nur sein indem man Papiere macht, Termine vorbereitet, Reden schreibt, Briefe vorbereitet*", F3, S. 2; *„Wir wissen mittlerweile, dass die Abgeordnetenbüros immer mit den Themen, die gerade im Ausschuss, in der Politik verhandelt werden, mit Rückfragen kommen, mit Bitten um Antwortentwürfe...* ", F2, S. 4; *„Es gibt da zig Detailfragen, die möglich sind.*", F3, S. 2.

131 *„Die kommen dann entweder persönlich dann zu uns oder typischerweise dann sehr häufig über ihre Mitarbeiter, mit der Bitte, Antwortentwürfe[...]zu geben.*", F2, S. 2.

132 Vgl. F2, S. 1; F2, S. 4.

133 *„Wenn sich bei uns zeigt, dass sehr viele Abgeordnete auf ein bestimmtes Thema angeschrieben sind, ein Thema das sehr aktuell ist, oder Verbände, solche Unterschriftensammlungen oder ähnliches gestaltet haben, oder Massenschreiben hier eingehen, dann stellen wir Musterbriefe zur Verfügung.*", F2, S. 1.

134 Vgl. F2, S. 4.

135 Vgl. ebd. *„In Nichtsitzungswochen kann man vielleicht mal Bürgerbriefe beantworten*", F1, S. 7.

für den jeweiligen Vorgesetzten deutliche Priorität vor allen sonstigen (Beratungs-) Aufgaben genießt.[136]

1.3 Zwischenergebnis

In diesem Kapitel wird deutlich, dass die eigene Arbeit von Abgeordnetenmitarbeitern von Büro zu Büro stark variiert. Sie ist von den Eigenarten, Vorgaben und politischen Interessen ihrer jeweiligen Vorgesetzten abhängig. Während wenige wissenschaftlichen Mitarbeiter angeben, sich nur mit einem speziellen politischen Themenbereich zu beschäftigen, fühlen sich andere für die vollständige und umfassende Arbeitsorganisation bzw. -bewältigung im Berliner Büro des Abgeordneten verantwortlich. Dagegen haben AG-Referenten grundsätzlich konzentrierte Aufgaben für den AG-Vorsitzenden, daneben aber auch zum Beispiel beratende Tätigkeiten für andere Abgeordnete der Fraktion, zu erfüllen. Diese beziehen sich deutlich auf das politische Kernthema der Arbeitsgruppe und sind in erster Linie inhaltlich geprägt. Im Gegensatz zu vielen Abgeordnetenmitarbeitern, deren Arbeit ein breites inhaltliches und organisatorisches Themenspektrum beinhaltet und somit an der Oberfläche bleiben muss, können sich AG-Referenten somit stark inhaltlich in ihre jeweiligen Themengebiete einarbeiten.
Ungeachtet der vielfältigen Aufgaben lassen sich dennoch ganz grundsätzliche Tätigkeitsstrukturen erkennen, die für wissenschaftliche Mitarbeiter in den jeweiligen Büros typisch sind. Nach Auswertung der Untersuchungsergebnisse gliedert die vorliegende Studie die anfallenden Aufgaben sowohl in Abgeordnetenbüros als auch in Arbeitsgruppenbüros in die Bereiche „Politische Öffentlichkeitsarbeit", „Vorbereitung der parlamentarischen Arbeit" und „Beratung".

Zunächst überraschte, welch große Bedeutung der ‚Politischen PR' für die Arbeit beider Gruppen zukommt. Dies zeigen die vielfältigen Aufgaben des Bereiches *„Politische Öffentlichkeitsarbeit"*. Sowohl Abgeordnetenbüros als auch Arbeitsgruppenbüros erhalten täglich zahlreiche Schreiben per Post, Email oder Fax von bundes-

[136] Vgl. F3, S. 8; *„Die Sachen für [den/die Chef/in] müssen natürlich erledigt werden und der Parlamentarische Betrieb muss ordentlich laufen, aber alles Andere, das muss man irgendwie managen."*, F3, S. 6.

tagsinternen- und externen Akteuren. Hier fällt auf, dass die Inhalte der Schreiben, die bei Abgeordnetenbüros eingehen, eine große Bandbreite aufweisen. Ein großer Teil der Verfasser dieser Schreiben an die Abgeordnetenbüros sind Bürger des Wahlkreises des Abgeordneten. Dagegen gehen bei Arbeitsgruppenbüros vor allem Schreiben ein, die sich auf Aspekte des fachlichen Kernthemas beziehen. Der Wahlkreis des AG-Sprechers ist dagegen von deutlich untergeordneter Bedeutung.
Um den Abgeordneten und ihren wissenschaftlichen Mitarbeitern die Beantwortung dieser Schreiben zu erleichtern, stehen in der CDU/CSU-Bundestagsfraktion deshalb die Fraktionsreferenten aus der Facharbeitsgruppe des jeweiligen politischen Themas für Detailfragen zur Verfügung, da diese sich intensiv mit dem jeweiligen Thema ihres fachlichen Kernbereiches beschäftigen. Hier zeigt sich die notwendige Kooperation, aber auch deutliche Abstufung und Grenze zwischen den Tätigkeitsfeldern besonders deutlich.

Neben Pressemitteilungen entwerfen beide Gruppen *Reden, Vorträge, Gruß- und Vorworte* zu vielfältigen Themen. Auch hier kennzeichnet den Inhalt der Texte, die Referenten verfassen, der Zusammenhang mit dem Kernthema der jeweiligen Arbeitsgruppe. Dagegen schreiben viele Abgeordnetenmitarbeiter zu den unterschiedlichsten Themen. Zur zeitfüllenden Aufgabe von Abgeordnetenmitarbeitern zählt auch die Betreuung von *Besuchergruppen*, die oft aus dem Wahlkreis stammen. Schließlich wird die inhaltliche Betreuung der *Homepage* ihres Abgeordneten von vielen Abgeordnetenmitarbeitern durchgeführt. Für Arbeitsgruppenmitarbeiter sind diese Aufgaben dagegen eher unüblich.
Neben Tätigkeiten der politischen PR erfüllen wissenschaftliche Mitarbeiter im Bundestag Aufgaben der *Vorbereitung der Parlamentarischen Arbeit*. Hier wird in Kapitel III.1.1.2.2 deutlich, dass Abgeordnetenmitarbeiter grundsätzlich ein sehr breites *organisatorisches* und *inhaltliches* Aufgabenspektrum bearbeiten, das konkret vom jeweiligen Abgeordneten abhängig ist. Dies umfasst zum einen die Vorbereitung von *Terminen* des Abgeordneten bzw. Sprechers. Während diese Termine eine sehr große Themenvielfalt aufweisen und meist auf der Ebene des Wahlkreises des Abgeordneten stattfinden, bereiten AG-Referenten AG-bezogene Termine vor. Ein wichtiger Bereich stellt hier die Vorbereitung der *Gremienarbeit* des Abgeordneten bzw. Sprechers dar, die vor allem in Sitzungswochen stattfindet. Schließlich fühlen sich sowohl AG-Referenten als auch fast alle Abgeordnetenmitarbeiter als Berater ihres Abgeordneten. Hier fällt auf, dass Fraktionsmitarbeiter ihren Vorgesetzten

mit Expertenwissen aus dem Kernbereich der AG fachlich beraten. Ob und in welcher Form AM ihren Abgeordneten beraten, ist besonders von den Bedingungen des jeweiligen Abgeordnetenbüros abhängig. Oft erfolgt die Beratung nicht formalisiert und gilt weniger der Behandlung von fachlichen Sachfragen, als vielmehr der generellen Unterstützung des Abgeordneten in diversen Bereichen.

2 Informations- und Kommunikationsbeziehungen

Dieses Kapitel untersucht die Informations- und Kommunikationsbeziehungen der wissenschaftlichen Mitarbeiter. Zunächst wird skizziert, mit Hilfe welcher Medien bzw. Quellen sich Mitarbeiter beider Gruppen zur Erfüllung ihrer jeweiligen Aufgaben informieren. Anschließend sollen zwei je praktische Fallbeispiele näher beleuchten, wie sich Beziehungen zwischen Mitarbeitern und ihren Kommunikationspartnern darstellen. Sodann sollen Unterschiede und Gegensätze aufgezeigt werden.[137]

2.1 Abgeordnetenmitarbeiter

2.1.1 Nutzung von Informationsmedien

Wissenschaftliche Mitarbeiter in Abgeordnetenbüros bedienen sich zur Erfüllung ihrer Aufgaben umfassend aller ihnen zur Verfügung stehenden und zugänglichen Informationsquellen. Bei dieser Befragung wurden neben *elektronischen Quellen* wie Internet, Intranet, Emailinformationsdiensten, Radio, Telefon und Fernsehen auch *gedruckte Quellen* wie (Lokal-) Zeitungen, Presseschauen, hauseigene Informationstexte des Bundestags oder die Texte der Fragestunde im Bundestag genannt. Schließlich wurden als Informanten Experten aus Ministerien und Stiftungen genannt.
Die Auswertung der Untersuchung zeigt, dass vor allem elektronische Medien wie das Internet oder Intranet als Informationsquellen, vor allem für die gezielte Informationssuche, genutzt werden.[138] In der Regel ist jeder Schreibtisch eines Abgeordnetenbüros mit einem PC ausgestattet, der eine Internet-Standleitung bietet. Viele Abgeordnetenmitarbeiter nutzen im Intranet des Deutschen Bundestages zum Beispiel die „Elektronische Presseschau“[139] oder suchen im Internet regelmäßig etwa bei

[137] Die Situation in Bonn: Skarpelis/Skarpelis-Sperk (1987), S. 43ff.
[138] Vgl. A3, S. 14. Zu einem ähnlichen Ergebnis kommen Bröcheler/Elbers (2001), S. 12.
[139] Vgl. www.bundestag.btg (nur intern erreichbar); Die Verwaltung des Deutschen Bundestages bietet diesen Dienst vor allem für die Abgeordneten und ihre Mitarbeiter an. Hier lassen sich die verschiedensten Zeitungsartikel auf elektronischem Wege einsehen und gegebenenfalls ausdrucken. Siehe auch A3, S. 3 und A2, S. 14.

Nachrichten- oder Brancheninformationsdiensten nach Informationen.[140] Schließlich lassen sich manche Mitarbeiter über Emailinformationsdienste wie „google news alert" bestimmte Informationen nach Wunsch direkt per Email zusenden.[141] Bei den *gedruckten* Medien fällt auf, dass viele Abgeordnetenmitarbeiter vor allem die Bedeutung der täglichen Lektüre der Lokalzeitung aus dem Wahlkreis ihres Abgeordneten betonen. Häufig beziehen sie diese im Abonnement für das jeweilige Büro. Schließlich nutzen einige Abgeordnetenmitarbeiter die regelmäßig erscheinenden Pressespiegel wie die „Presseschau" der CDU sowie Kurzzusammenfassungen des Parlamentarischen Wochengeschehens verschiedener Akteure wie die Publikation „Heute im Bundestag (HIB)" des Deutschen Bundestages.[142] Die Bibliothek des Bundestages spielt dagegen nur eine untergeordnete Rolle.

Viele Mitarbeiter nutzen die angeführten Informationsquellen nicht nur sporadisch, sondern ganz selbstverständlich zu Beginn eines jedes Arbeitstages, um sich einen Überblick über die für sie relevanten Informationen zu verschaffen.

2.1.2 Kommunikationsbeziehungen

Das Kommunikationsverhalten wissenschaftlicher AM ist auch von diversen *Kommunikationspartnern* geprägt, die sich in zwei Ebenen einteilen lassen. Während die Mitarbeiter zum einen Kontakt zu *bundestagsinternen* Kommunikationspartnern wie dem eigenen Vorgesetzten, anderen AM oder FM pflegen, stehen sie auf der anderen Seite in ständigem Kontakt mit bundestagsexternen Akteuren aus dem Wahlkreis, Lobbyisten, Journalisten oder sonstigen Akteuren (vgl. Abb. 4). Mittels je eines Fallbeispiels für einen bundestagsexternen und einen bundestagsinternen Kommunikationspartner soll das Kommunikationsverhalten im Folgenden analysiert werden.

140 *„Ich gucke mindestens acht mal am Tag in Spiegel-online, ich gucke Heise.de [Brancheninformation], damit ich sehe, was in der Welt los ist, damit ich sehe, was in meiner Welt los ist"*, A2, S. 14.

141 Siehe www.google.de. Hier besteht die Möglichkeit, einer Suchmaschine einen permanenten Suchauftrag zu geben, der das Internet nach zuvor bestimmten Wörtern wie dem Namen des eigenen Abgeordneten durchsucht und das Ergebnis regelmäßig per Email zustellt. Vgl. A1, S. 8.

142 Vgl. www.bundestag.de/aktuell/hib/index.html.

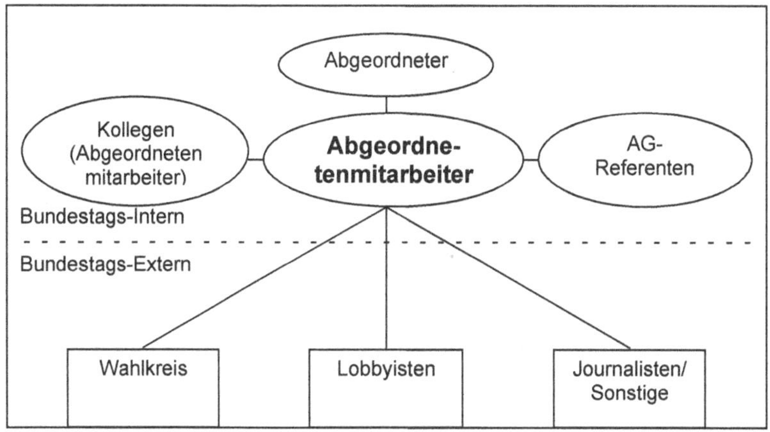

Abbildung 4: Wichtige Kommunikationsbeziehungen von Abgeordnetenmitarbeitern (© Eigene Darstellung)

2.1.2.1 Fallbeispiel bundestagsintern: Beziehung zum Vorgesetzten

Aufgrund der engen Arbeitsbeziehung zwischen Parlamentariern und ihren AM ist das Kommunikationsverhalten elementar für das Arbeitsverhältnis, das naturgemäß von Büro zu Büro variiert. Die Kommunikation mit dem Abgeordneten geschieht dabei direkt bzw. ohne zwischengeschaltete Hierarchiestufen.[143] Sie ist ferner auch davon abhängig, ob der Deutsche Bundestag sich in den Sitzungswochen befindet. In den sitzungsfreien Wochen halten sich die Parlamentarier zumeist außerhalb des Bundestages zum Beispiel im Wahlkreis auf und kommunizieren folglich vorwiegend fernmündlich mit ihren Mitarbeitern.[144]

[143] *„Wir sind [...] sehr nah an wichtigen Entscheidungsträgern und Funktionsträgern, da gibt es keine Hierarchien mehr dazuwischen. [...] die Abgeordnetenmitarbeiter liefern direkt ihren Abgeordneten Texte, die vielleicht im Bundestag gehalten werden, die in einem Presseorgan dargebracht werden.“*, F2, S. 7.

[144] Vgl. auch A3, S. 4.

2.1.2.1.1 Arbeitsaufträge

In vielen Büros selektieren wissenschaftliche Mitarbeiter Arbeitsdokumente wie die eingehende Post oder Textentwürfe geordnet in einer Mappe vor,[145] während Abgeordnete nach Durchsicht dieser Dokumente entscheiden, ob bzw. wie sie weiterbearbeitet werden sollen. Sie kommunizieren ihre Entscheidung beispielsweise über Anweisungen durch Notiz auf diesen Dokumenten oder mündlich direkt. Durch (Wieder-) Vorlage der Mappe können wiederum kleinere Anweisungen und Notizen kommuniziert werden.[146] Sofern sich Abgeordnete nicht in der Nähe des Berliner Büros befinden, lassen sich viele der zu bearbeitenden Dokumente auch per Post, Fax, oder Email zusenden. Manche Parlamentarier beantworten dagegen Teile ihrer Post direkt selbst.[147]

Somit bearbeiten Abgeordnetenmitarbeiter einige ihrer Arbeitsaufträge rein *reaktiv* auf Anweisung ihres Vorgesetzten. Gleichzeitig obliegt ihnen meist die *autonome* inhaltlich-organisatorische Bearbeitung. Die autonome Arbeitsweise wird dadurch verstärkt, dass viele Parlamentarier ihre Arbeitsaufträge sehr allgemein formulieren.[148]

2.1.2.1.2 Arbeitsbesprechungen

Einige Abgeordnete legen Wert auf verbindlich terminierte, regelmäßige *Arbeitsbesprechungen* mit ihren Mitarbeitern. Viele andere wiederum lassen Wünsche der Mitarbeiter nach den Besprechungen auf sich zukommen. Sie integrieren diese auf Initiative ihrer Beschäftigten direkt in den täglichen Terminplan oder die Mitarbeiter selbst kommen mit der Bitte um ein Gespräch direkt auf sie zu. Viele Befragte beto-

---

[145] Vgl. A3, S. 50f.; A1, S. 25. Siehe auch ‚*Gatekeeperfunktion*' siehe Kapitel 2.1.2.2.2. *„Ich hab' natürlich ein Interesse daran, dass [mein/e Abgeordnete/r] nicht mit irgend etwas zugemüllt wird*", A2, S. 9.

[146] *„Auf den Dokumenten, die wieder aus dem Chefbüro kommen, steht ein Befehl gewissermaßen, der wird abgearbeitet. Und das Ergebnis wird mit dem ursprünglichen Vorgang zusammen vorgelegt*", A3, S. 13; *„Da macht [er/sie] dann eine Bemerkung dran und dann ergibt sich daraus ja, was zu tun ist.*", A3, S. 12.

[147] Vgl. A1, S. 12 und A2, S. 9.

[148] *„[Der/die Abgeordnete] schreibt natürlich nicht daran, was in dem Antwortentwurf stehen soll. Das muss ich selbst machen und da bin ich dann sozusagen dann autonom [...] weil das Feedback [vom Chef/von der Chefin] in der Regel [...] immer geringer ist als man erwartet.*", A3, S. 12 f.

nen, dass sie eine Praxis verbindlicher, regelmäßiger Arbeitsgespräche mit ihrem Abgeordneten favorisieren würden bzw. anstreben.[149]

2.1.2.1.3 Störungen und Konflikte

Um erfolgreich arbeiten zu können, ist es gerade für Parlamentarier und ihre Mitarbeiter unerlässlich, sich auch persönlich zu verstehen.[150] Während Kommunikation und Zusammenarbeit zwischen Mitarbeitern und ihren Abgeordneten in vielen Büros reibungslos funktioniert, gibt es andererseits bisweilen auf beiden Seiten auch Probleme.[151] So denken viele Befragte, dass einige Abgeordnete die *Arbeitsbedingungen* ihrer Mitarbeiter oft nicht richtig einschätzen. Demnach überblickten sie nicht immer den vollen Umfang der Arbeit, den ihre Mitarbeiter für sie bewältigen. Dies führt nach Ansicht der Befragten in manchen Abgeordnetenbüros zu einer Überforderung der Mitarbeiter. So kann es vorkommen, dass den Vorgesetzten Ausarbeitungen zur Kenntnis vorgelegt würden, wodurch diese überhaupt erstmals darüber informiert seien, welcher Umfang an tatsächlicher Arbeit in der Angelegenheit insgesamt zu bewältigen war.[152] Weiterhin denken einige Interviewte, dass sich manche Abgeordnete nicht immer auch ihrer Funktion als *Arbeitgeber* bewusst sind. So wird angemerkt, dass Parlamentarier gelegentlich ihre Mitarbeiter vor allem mit ihren Erwartungen an die Arbeitsfülle oder an Überstunden, welche die Mitarbeiter zu bewälti-

---

[149] *„Arbeitsbesprechungen gibt es eigentlich nur, wenn wir die Initiative ergreifen – wenn ich also sage „Wir müssen mal sprechen" und einen Termin eintrage in [seinen/ihren] Plan. Weil [er/sie] doch [...] ziemlich verwöhnt wurde, wenn alles läuft. [...] Und gerade gestern habe ich wieder ein Gespräch mit [ihm/ihr] gehabt, sodass wir uns also wirklich wieder jeden Montag eine Stunde vor [seinem/ihrem] Nachmittagsterminen hinsetzen und die Probleme besprechen, die anliegen. Sonst läuft das aus dem Ruder.*", A3, S. 13.

[150] Vgl. A1, S. 11.

[151] Vgl. A3, S. 21.

[152] *„Sie schätzen es glaube ich nicht richtig ein. Sie sehen immer nur das, was sie unmittelbar betrifft. Und das, was alles im Hintergrund läuft, sehen sie ja nicht. Ich habe deshalb – damit [er/sie] das sieht – eine Mappe „Zur Kenntnis" eingerichtet. Da lege ich solche Vorgänge herein, die an [ihm/ihr] vorbeigehen würden, die [er/sie] gar nicht bemerken würde [...] Da unterschätzen sie den Aufwand und überfordern die Leute eigentlich permanent ein bisschen.*", A3, S. 12. „*...ich [habe] den Eindruck, dass [mein/e Abgeordnete/r] denkt, dass ich für [ihn/sie] da bin und sonst im Prinzip im Vakuum lebe. Viele Dinge sind Krisenmanagement, aber das versteht [er/sie] nicht. [...] Man kann es eigentlich allen Abgeordneten nur wünschen, mal eine Woche ohne alle Mitarbeiter auszukommen.*", A1, S. 21 f.

gen haben, sehr stark fordern bzw. überfordern.[153] Gleichzeitig haben einige Interviewte den Eindruck, dass die ‚soziale Verantwortung' der Vorgesetzten und eine persönliche Beziehung zwischen Mitarbeiter und Parlamentarier sich in den letzten Jahren zunehmend gewandelt bzw. reduziert hat.[154] Demnach sehen ausgewählte Abgeordnete ihre Mitarbeiter vor allem als „Teil der Amtsausstattung" an und machen in Einzelfällen mehrfach Gebrauch von ihrem Recht, die Arbeitsverhältnisse kurzfristig zu kündigen.[155] Auf der anderen Seite wird zum Beispiel geschildert, dass sich manche Mitarbeiter bewusst nicht loyal ihrem Abgeordneten gegenüber verhalten bzw. die Freiheiten, die ihnen die autonome Arbeitsweise in einem Abgeordnetenbüro bietet, zulasten des Abgeordneten ausnutzen.[156]

2.1.2.2 Fallbeispiel bundestagsextern: Beziehung zu Lobbyisten

2.1.2.2.1 Art der Kommunikationsbeziehung

Kommunikationsbeziehungen zwischen Lobbyisten und Abgeordnetenmitarbeitern werden vor allem von ersteren initiiert.[157] So stehen Abgeordnetenmitarbeiter vor al-

---

[153] Überstunden an sich werden allerdings akzeptiert: *„Inoffiziell wird nach Arbeitsanfall gearbeitet." [...] Die inoffizielle Arbeitszeit ist in der Regel länger und man muss auch sagen, dass die Abgeordneten das erwarten. Und wer so einen Job macht, muss das wissen.*", A3, S. 9; siehe auch A3, S. 8 und A2, S. 1f. Zur ‚Überforderung': *„Es gibt Leute, die ‚bis zum geht nicht mehr' ausbeuten. Ich denke aber, dass das zum Job dazugehört. Ich fühle mich auch nicht ausgebeutet. [...] Ich habe mich darauf eingestellt und stelle da keine Forderungen. Zumal [...] dass wenn ich wirklich ein Problem habe, dass [der/die Chef/in] dann auch tatsächlich so sozial ist und sagt: „Gehen Sie!*", A3, S. 9. *„Manchmal beneidet man schon einige Kollegen ob ihrer lockeren Tätigkeit. Andere bedauert man eher, die dann eher geknechtet werden.*", A1, S. 12. Siehe auch A3, S. 5.

[154] Siehe dazu: Kapitel 4.1.1.

[155] *„Viele Abgeordnete sehen ihre Mitarbeiter als Teil der Amtsausstattung an. Ich persönlich kenne ausgewählte Einzelfälle von Abgeordneten, die sich der sozialen Bedeutung ihrer Arbeitgeberfunktion bewusst sind und eine gewisse soziale Verantwortung und ‚Feeling' und ein Handling für Personalführung haben.*", A2, S. 8; *„Und hier sind die Sitten endgültig verwildert. Das fing an 1998 als ein ganzer Schwung junger, dynamischer, oberehrgeiziger Abgeordneter in den Bundestag kam. [...] sie hatten an ihre Mitarbeiter abartige Erwartungen, die waren nicht zu erfüllen. Entsprechend wurde dann auch rausgeschmissen.*", A2, S. 8; *„MdB-Mitarbeiter [sind] vertraglich abhängig von ihrem MdB [...]. Was der während der Periode mit ihnen macht, weiß ich nicht, er kann sie auch rausschmeißen, aus welchen Gründen auch immer*", F4, S. 4. *„Ich habe mich schon früher mal gefragt: Was ist eigentlich, wenn ich mal ein halbes Jahr ausfalle – [Da gibt] es auch Leute die sagen: „Ach, das ist die Gelegenheit, jetzt werde ich ihn los.*", A3, S. 21.

[156] Vgl. A3, S. 21.

[157] Vgl. A1, S. 17. Siehe auch Rabensaat (2005), o.S.

lem *indirekt* mit Lobbyisten in Beziehung, sofern sich diese mit Maßnahmen der Interessenvertretung an einen Abgeordneten wenden. Dies geschieht etwa über die Teilnahme an Informationsgesprächen zwischen dem Abgeordneten und dem Lobbyisten oder im Wege der Beantwortung von Schreiben seitens Interessenvertretern, die konzentrierte Anliegen bezüglich Gesetzesvorhaben äußern.[158] Auf der anderen Seite wenden sich einige Lobbyisten aber auch bewusst *direkt* an Abgeordnetenmitarbeiter, um ihre Interessen, zum Beispiel hinsichtlich eines Gesetzesvorhabens, durchzusetzen. So verfassen Interessenvertreter Briefe oder Emails, rufen Mitarbeiter direkt in ihrem Büro an oder laden sie zu persönlichen Gesprächen, Veranstaltungen wie „Parlamentarischen Abenden", Informationsveranstaltungen oder Empfängen ein.[159] Auf der anderen Seite wenden sich auch Abgeordnetenmitarbeiter mit Wissen des Vorgesetzten direkt an Lobbyisten, um an spezielle Fachinformationen bezüglich ihrer Arbeit zu gelangen:

> *„...ich würde meine Mitarbeiter auch dazu anhalten, mit Lobbyisten Kontakt zu halten. [...] Es sind Leute, die Ihnen ihre Ideen und Ansichten präsentieren und das meistens schon aufgearbeitet haben. [...] Ich sehe das als Informationsquelle, von der ich weiß, dass sie in einem bestimmten Interesse erfolgt. Aber das ist ja auch in Ordnung.*[160]

---

[158] *„Im Regelfall bin ich [bei Gesprächen] dabei. Einfach, um die Notizen so zu machen, dass wir das gleich verwursten können.*", A1, S. 19; *„Das Lobbying ist eigentlich in der schriftlichen Form überwiegend, also dass man Schreiben erhält, dass man irgendwelche Gesetze in der oder jenen Weise beeinflussen soll. Natürlich kommen auch Leute vorbei, die etwas vorbringen wollen, das ist aber gegenüber dem Schriftlichen geringer. Dann ist noch die dritte Variante, dass [mein Chef/meine Chefin] irgendwohin eingeladen wird, wo etwas stattfindet – Parlamentarische Abende oder Ähnliches. Da gehe ich relativ selten mit.*", A3, S. 14f. Vgl. auch Ismayr (2000), S. 93.

[159] Vgl. auch Sebaldt/Straßner (2004), S. 157. *„Es kann auch einfach sein, dass ein Lobbyist anruft und sagt. ‚Hör zu, das und das Gesetz läuft nicht gut und sag Deinem Abgeordneten mal dieses oder jenes.*", A2, S. 3; *„Die Telefonate kommen dann zu den Briefen. Nach dem Motto, dass man uns etwas geschrieben hätte und das dann mal erläutern wollte.*", A1, S. 18; *„...oder man wird eingeladen ins Cafe.*", A1, S. 19; *„...es kommt öfter auch mal nur eine Good-will-Aktion, bei der man für schönes Wetter sorgt, bei der die Gegenleistung aber nur abstrakt ist. Wo man sagt, dass man mal in Verbindung bleibt. [...] Das sind beispielsweise Unternehmen, die unter Gesetzgebungsvorhaben leiden und schon im Frühjahr sagen, dass sie sich mit einem im Herbst zu diesem oder jenem Thema gern einmal unterhalten würden. [...] Solche Fälle sind bei uns recht häufig.*", A1, S. 20.; Vgl. auch A2, S. 12f. Vgl. auch Beyme (1997), S. 207f.; Merkatz (1969), S. 4 und Althaus (2005), S. 4.

[160] Vgl. MdB, S. 4; siehe auch A1, S. 17ff.

2.1.2.2.2 Bedeutung der Abgeordnetenmitarbeiter für Lobbyisten

Die Bedeutung der Mitarbeiter eines Abgeordneten für Lobbyisten wird grundsätzlich als hoch eingestuft. Die Intensität der Lobbyingmaßnahmen von Interessenvertretern und die Art der Themen hängen dabei vor allem von der Art des Arbeitsverhältnisses und somit der Stellung des Mitarbeiters zu seinem Abgeordneten sowie von der Bedeutung des Abgeordneten für ein bestimmtes Gesetzgebungsverfahren ab.[161] Wenngleich die Befragten den Abgeordnetenmitarbeitern zwar keine „Macht" im klassischen Sinne zusprechen[162], haben sie jedoch als *Gatekeeper* bzw. Selektierer von eingehenden Informationen in ihrem Abgeordnetenbüro eine Funktion, die dem Lobbyisten bei der Kontaktaufnahme und der Durchsetzung seiner Interessen höchst hilfreich oder aber im Gegenteil beschwerlich sein kann.[163] Wird der Kontakt zu Mitarbeitern dagegen gepflegt, kann sich dies förderlich auf eine Terminvereinbarung, auf die Weitergabe und Bearbeitung wichtiger Schreiben oder gar die Weitergabe von kritischen Informationen an den Lobbyisten auswirken.[164] Ferner sind viele wissenschaftliche Mitarbeiter für Abgeordnete auch im Bereich der politischen Öffentlichkeitsarbeit tätig, wo sie mit der Darstellung entscheidender politischer Themen gegenüber der Gesellschaft befasst sind. Zudem beraten AM ihre Abgeordneten,

[161] Dies hängt zum Beispiel davon ab, wie autark der jeweilige Mitarbeiter gegenüber dem Abgeordneten ist: *„Ich kenne Mitarbeiter, die müssen sich zum Beispiel genehmigen lassen, wenn sie Leute auch nur sehen wollen", A2, S.11; siehe auch F3, S. 12. Daneben spielt beispielsweise eine Rolle, wie einflussreich der jeweilige Abgeordnete von den Lobbyisten für ein bestimmtes politisches Thema eingestuft wird: „Jeder Abgeordnete ist für irgendetwas Berichterstatter und damit eine Schlüsselfigur bei bestimmten Gesetzgebungsvorhaben.*", F2, S. 10; vgl. auch A3, S. 15f.

[162] *„...das wissen die meisten ja auch - wir als Mitarbeiter nur mitwirken können. Wir haben nicht die Möglichkeit zu sagen, dass etwas jetzt so geändert wird. Wir können nur mitwirken.*", A1, S. 19.

[163] *„Ja, [Mitarbeiter sind auch Ansprechpartner.] Oft sind sie nur Vorfeldmenschen, die von Lobbyisten angesprochen werden. Die sagen ihnen, dass sie etwas für den Abgeordneten hätten und ob man das da nicht mal unterbringen könnte. Aber es ist nicht die Regel.*", A1, S. 20. *„Der Mitarbeiter ist etwas lästiges, was zischen mir und dem Chef steht. Es hängt wirklich manchmal von seiner Laune ab, ob ich einen Termin bekomme oder nicht, damit muss ich rechnen. Und dieses Risiko muss ich reduzieren als Lobbyist.*", A2, S. 12.

[164] *„Man kann ja ein Schreiben, das eilig ist, vielleicht ja auch mal ein bis zwei Tage liegenlassen. Man hat ja die kleinen Möglichkeiten, Druck auszuüben oder Steuermacht.", A3, S. 18f. „Mit dem würde ich natürlich viel besser in Kontakt kommen, für den würde ich auch etwas machen, soweit es in meinen Möglichkeiten steht – [dem/der Chef/in] zum Beispiel nahe legen, ein Gespräch zu führen.*", A3, S. 18; *„Es ist auch ganz klar, dass ein Mitarbeiter niemals ein Gesetz verändern wird, denn er hat keine Macht. Aber er kann mir als Lobbyisten das Leben erleichtern. Er kann mir zum Beispiel [helfen][...], indem er seinen Chef fragt, ob er mir die Unterlagen als Lobbyisten zukommen lassen kann.*", A2, S. 12.

geben Empfehlungen ab, ob eine Lobbyingmaßnahme unterstützt werden sollte, oder werden sogar selbst aktiv, um sich in einem Fall einzusetzen.[165]

2.1.2.2.3 Bewertung der Beziehungen und Optimierungsvorschläge

Die Mitarbeiter eines Abgeordneten sind für viele Lobbyisten grundsätzlich von großer Bedeutung und werden dementsprechend hoch eingestuft. Bei der Befragung wurde deutlich, dass viele Abgeordnetenmitarbeiter ein differenziertes Bild von Lobbyisten haben. Während manche Maßnahme der Lobbyisten bzw. die dadurch bedingte Erhöhung des eigenen Arbeitsvolumens von Mitarbeitern teilweise als Belastung und wenig fruchtend angesehen wird,[166] beurteilen andere das Wirken vieler Lobbyisten durch direkte oder indirekte Lobbyingmaßnahmen in den Abgeordnetenbüros als bemerkenswert kompetent und hilfreich für die eigene Arbeit. So findet in vielen Fällen ein für beide Seiten Nutzen bringender Austausch von Informationen statt.[167] Als *positiv* wird neben den angenehmen Umgangsformen die Zusammenar-

---

165 *„[Gute Lobbyisten] wissen aber auch, dass die Abgeordnetenmitarbeiter ihre persönlichen Reden [der Abgeordneten] vorbereiten. Das heißt, dass kluges Lobbying auch darin besteht, den Kontakt zu Mitarbeitern aufzubauen und zu halten.", F2, S. 10; „Mir ist es immer ganz lieb, dass man ein oder zwei Kollegen aus den anderen Büros ins Boot holen kann und natürlich die dazugehörigen Abgeordneten. Ich mache das oft so, dass ich ein Thema habe und mich frage, welchen Abgeordneten das interessieren könnte, mit welchem Kollegen man darüber reden könnte. Dann gehe ich hin und sage, dass ich den und den Lobbyisten habe, der dies und das hat und wie sie es sehen. [...] Dann machen wir auf Büroebene erst einmal eine Vorbereitung und dann werden die Abgeordneten kurz zu dem Thema zusammengeführt, zum Beispiel am Rande des Plenums. Das ist eine Sache, die ich mehr und mehr wahrnehme und die wirklich auch Erfolg zeigt.*"A1, S. 20.

166 *„[Mein Bild von Lobbyisten ist] eigentlich kein Schlechtes. Ich bin aber auch jemand, der Leuten, die nerven oder uns übermäßig in Anspruch nehmen, sagt, dass, wir ihnen nicht weiterhelfen können, solange [mein/e Abgeordnete/r] mir nicht ausdrücklich sagt, dass ich mich um jemand kümmern muss.*", A1, S. 20;„*Einmal lästige Zeitgenossen, weil sie einen beschäftigen, ohne dass da letztlich etwas dabei herauskommt. Und weil man verpflichtet ist – doch wegen des guten Benehmens – doch mit dem mal zu sprechen und zumindest den Anschein zu erwecken, dass dabei etwas herauskommt. Ich persönlich mache ungern etwas, bei dem ich von vorneherein weiß: Das wird ohnehin nichts, da muss ich gute Miene zum bösen Spiel machen. Das ist unbefriedigend, so etwas, weil man sich dabei eigentlich als Heuchler vorkommt.*", A3, S. 16.

167 *„... ich [muss] sagen, dass ich keine Wünsche habe, weil ich mit „meinen" Lobbyisten wunschlos glücklich bin. [...] Und wenn ich etwas wissen will, dann kümmern die sich darum und suchen in ihrem Unternehmen einen, der mir sagen kann, wie es geht. Wenn ich [eine inhaltliche] Frage habe, [...] das klären die.*", A2, S. 13. Siehe auch A3, S. 1. „*Das ist ein Austausch und das wünsche ich mir nicht - das passiert. [...] Das ist eine richtig gute Zusammenarbeit. Die versuchen mir auch nicht falsche Informationen aufzuschwatzen. Es ist insgesamt ein sachliches Klima bei diesen Leuten.*", A2, S. 13.

beit vor allem dann bewertet, wenn den Abgeordnetenmitarbeitern die Recherchearbeit zu politischen Themen und Sachverhalten erleichtert wird. So begrüßen es viele Mitarbeiter, wenn ihnen das Angebot gemacht wird, bei Bedarf auf einen konkreten Ansprechpartner für Informationen und Positionen hinsichtlich eines politischen Themenbereichs aus den Reihen der Lobbyisten zurückgreifen zu können.[168]Andere Abgeordnetenmitarbeiter sehen es als positiv an, wenn Lobbyisten dem Büro interessante, brisante oder sonst nicht verfügbare Informationen zutragen, sie selbst jedoch auf der anderen Seite wenig Erwartungsdruck bezüglich der Umsetzung politischer Forderungen ausgesetzt sind.[169]

Neben positiven Aspekten schildern viele wissenschaftlichen Mitarbeiter auch kritische Punkte, die einer Verbesserung bedürfen. Die Befragung zeigt, dass viele Abgeordnetenmitarbeiter sich von einigen Lobbyisten vor allem einen stärkeren Blick auf die *Strukturen,* die *Arbeitsweise* und die *Belange* eines Abgeordnetenbüros wünschen. Viele AM empfehlen den Interessenvertretern neben einer besseren Kenntnis politischer Prozesse und Strukturen auch Kenntnisse der Organisation und des Leistungsvermögens von Abgeordnetenbüros sowie der persönlichen Perspektive von Politikern und ihren Mitarbeitern. Sie halten dies im Sinne einer guten Kommunikationsbeziehung für hilfreich.[170] So sind für viele AM gute Umgangsformen und Aufmerksamkeit auch gegenüber Mitarbeitern besonders wichtig.[171]

---

[168] *„Gute Lobbyisten sind solche, die fachlich gut sind und in der Lage sind, ihre Gedanken zu artikulieren und nebenbei noch halbwegs angenehme Umgangsformen wahren.“*, A2, S. 10.; *„... es gibt ja durchaus Lobbyisten, die sagen: ‚Wenn Sie ein Problem haben, wenn Sie etwas wissen wollen, dann rufen Sie an. [...] Hier ist Herr Meyer-Lehmann' und geben dir seine Telefonnummer oder ein Kärtchen und sagen: ‚Den können Sie alles fragen'. [...] wenn ich die anrufe, dann klappt das auch. Solche Lobbyisten sind mir von vorneherein sympathischer, weil dann ja ein Geben und Nehmen stattfindet. Und nicht nur ein Erreichen-wollen und haben-wollen.“*, A3, S. 17. Siehe auch A2, S. 13.

[169] *„Gut sind natürlich die Leute, die uns auf ein Thema setzen, wo wir noch nicht die Information haben [...], wo die aber wiederum die Information aus dem Ministerium oder von irgendwelchen Verbänden erhalten haben. Die sagen dann, dass dort eine Schweinerei im Gange ist, das dieses oder jenes bis zum Herbst geschehen soll und wir uns da mal reinhängen sollten. Das halte ich für eine gute Sache, weil wir mit denen in Kontakt bleiben können denen auch zeigen können, was wir gemacht haben. Die denken dann ja auch realistisch und sagen dann, dass sie ja gar nicht erwarten, dass dieses Gesetz gestoppt wird. Wenn es aber kommt, hätten sie nur gern dieses oder jenes Problem berücksichtigt. Das ist Lobbyarbeit der besseren Art. Da sind wir auch immer gern bereit, uns mit den Leuten auszutauschen.“*, A1, S. 18 f.

[170] *„... man muss auch wissen, wie es funktioniert. [...] Büro ist das kleine, und der politische Prozess das große. Da gibt es ja immer noch viele, die ernsthaft meinen, dass Politik nach rationalen Gesichtspunkten abläuft. Dem ist überhaupt nicht so. [...]... um zu verstehen, wie die Leute ticken hier, und wie die [...] aufnehmen können, und aus welcher Perspektive die ein bestimmtes Gesetz sehen - da sollte man schon sowohl Büro- als auch Prozess- als auch das Personal, [und] die Poli-*

Grundsätzlich sollten einige Lobbyisten nach Ansicht der Abgeordnetenmitarbeiter auch etwas zugänglicher für Gegenargumente und andere Ansichten sein.[172] Andere Befragte wiederum betonen, dass Interessenvertreter Besuche in Abgeordnetenbüros nach Möglichkeit nicht zu zahlreich vornehmen sollten, um eine vertrauliche Atmosphäre zu gewährleisten und um vom Abgeordneten nicht durch eine ‚personelle Überzahl' unbewusst als ‚Bedrohung' wahrgenommen zu werden.[173] Schließlich wird beanstandet, dass einige Lobbyisten den Eindruck erweckten, selbst nicht von manchen ihrer Forderungen überzeugt zu sein.[174]

Daneben halten viele Mitarbeiter vor allem *Schriftstücke* der Interessenvertreter für verbesserungswürdig, die an Abgeordnetenbüros gesandt werden. Fast immer sind die Abgeordnetenmitarbeiter für die Bearbeitung und Beantwortung dieser Schreiben in den Abgeordnetenbüros zuständig. Da hier eine Vielzahl von Schreiben mit einer insgesamt großen Themenbreite eingeht, würden sich viele Mitarbeiter zur Arbeitserleichterung *kurze* und *komprimierte* Anschreiben mit *übersichtlichen Problembeschreibungen* wünschen.[175] Daneben wird kritisiert, dass viele dieser Schreiben einen

---

tiker in ihrer Gesamtheit, schon einzuschätzen wissen.", A2, S. 12 f.; „*Wenn die [...] wissen, was ein Abgeordnetenbüro überhaupt leisten kann, ist das anders.*", A1, S. 19.

[171] „*Es gibt Lobbyisten, die gehen ins Büro sofort durch zum Chef rein, ohne guten Tag zu sagen, weil sie meinen, sie sind wichtig genug. Und es gibt Leute die erst einmal richtig „guten Tag" sagen und sich vorstellen. Es gibt auch noch solche, die dann Kleinigkeiten mitbringen, um das Büro wohlwollend zu stimmen.*", A3, S. 18. „*Es gibt auch den Typ ‚Hans Dampf in allen Gassen'. Die kommen und sehen Sie zum ersten Mal und tun so, als wenn sie Sie schon lange kennen. [...] mich berührt so etwas negativ.*", A3, S. 18. „*Man freut sich zwar vielleicht über einen elektrischen Bleistiftanspitzer oder so etwas, aber es kommt immer darauf an, wie das übergeben wird. [...] Das stößt [unter Umständen] eher ab, bei mir, so etwas. Weil das großkotzig ist [...] Wenn das eher so nebenbei wäre [, wäre das] ganz anders.*", A3, S. 18.

[172] „*Ich würde mir von Lobbyisten erstens wünschen, dass sie nicht mit der Einbahnstraße kommen. Dass sie nicht [...] ihren Tunnelblick haben und sagen: „Wenn Sie das so organisieren, dann müsste das doch gehen." [...] Die sind gar nicht zugänglich für die Argumente der Gegenseite. [...] Ich glaube, dass solche Lobbyisten mehr Erfolg haben, die so mehr offen kommen und auch von Positionen abrücken. Weil das ja auch beim Abgeordneten einen ganz anderen Eindruck macht. Weil er ja selbst mit seiner Position ernst genommen wird - wenn er das spürt.*", A3, S. 16. f.

[173] „*Dann sollten Lobbyisten, wenn es geht allein kommen. Weil ich es häufig erlebt habe, dass dann auf der einen Seite drei oder fünf Interessenvertreter sitzen [...] – das ist so eine Situation: „Hier ist der Ankläger und wir sind in der Überzahl". Da fühlt man sich einfach unwohl.*", A3, S. 17.

[174] Vgl. A3, S. 16.

[175] „*Meist haben sie zu viele Probleme auf einmal. Es ist wie mit einer guten Regel: Drei Punkte müssen drin stehen und mit wenigen Sätzen erläutert sein, möglicherweise noch ein Anhang, den man aber nicht lesen muss. Aber das Schreiben, das ist aus meiner Sicht meistens zu lang.*", A3, S. 17. „*Wenn ich schon sehe, dass einige Schreiben mehr als zwei Seiten umfassen... Da denke ich*

überzogenen und teilweise *überheblichen Stil* aufweisen.[176] Schließlich wird auch bemängelt, dass ihnen die Adressierung einzelner Schreiben *wahllos und unpersönlich* erscheint. So bezeichneten Mitarbeiter eingehende Briefe, die „an alle Abgeordneten“ des Deutschen Bundestages gesandt würden oder nur die Kopie eines Briefes darstellen, der an einen anderen, dem Abgeordneten höherrangigen Politiker adressiert wurde, als „sinnlos“ bzw. „unbrauchbar“.[177]

2.2 AG-Referenten

2.2.1 Nutzung von Informationsmedien

Ein wichtiger Bestandteil der Arbeit von Fraktionsreferenten ist die Aufnahme von Informationen. So informieren sich Referenten mehrmals täglich aus unterschiedlichen Quellen. Die Auswertung der Materialien ergibt, dass sich die Befragten vor allem aus *gedruckten*, aber auch mithilfe *elektronischer Quellen* informieren.[178]

Bei den gedruckten Quellen werden vor allem überregionale und branchenspezifische Zeitungen wie die „Frankfurter Allgemeine Zeitung“, die „Wirtschaftswoche“ und „Das Handelsblatt“, aber auch diverse Pressespiegel wie die „CDU-Presseschau“ genannt.[179] Dagegen führen die Befragten bei den elektronischen Medien vor allem das Intranet mit dem bundestagseigenen „Tickerdienst”, Emails und schließlich das Internet an, dessen Bedeutung insbesondere für die gezielte Informa-

---

mir, dass die einfach nicht wissen, wie viele Schreiben man erhält und wann die Aufmerksamkeit erlahmt.“, A1, S. 18.

[176] *„Man spürt irgendwie, dass die Schreiber auch sehr von sich eingenommen sind, dass sie sich auch sehr wichtig vorkommen. Dass jetzt alles nach ihrer Pfeife tanzen muss, sonst bricht die Welt zusammen. So sind die Schreiben ja in der Regel abgefasst und das stößt von der Form her ab.*“, A3, S. 17.

[177] *„Für unbrauchbar oder schwer brauchbar halte ich Briefe, die an den Kanzler oder Vizekanzler adressiert sind und die wir zur Kenntnis bekommen. Da frage ich mich, was ich damit anfangen soll. [...] wenn die Briefe schon da oben waren – was sollen wir uns da noch drum kümmern?*“, A1, S. 18. *„Meines Erachtens ist Lobbyarbeit sinnlos, wenn hunderte Leute bombardiert werden. Aus meiner Sicht zeichnet sich ein guter Lobbyist dadurch aus, dass er weiß, was er will und was er erreichen kann und mit wem er es erreichen kann beziehungsweise wie er vorgeht. Da [...] merkt man schon extreme Qualitätsunterschiede.*“, A1, S. 18. Vgl. auch Bender/Reulecke (2003).

[178] Vgl. F2, S. 8. Siehe auch F4, S. 3.

[179] Vgl. F4, S. 2; F2, S. 8; F4, S. 3 und F2, S. 8.

tionssuche bei vielen Referenten hochgeschätzt wird.[180] Als wichtige Informanten werden zudem vor allem Personen aus Ministerien, Wissenschaftlichen Instituten, Verbände und schließlich die eigenen Vorgesetzen benannt.[181]

2.2.2 Kommunikationsbeziehungen

Das Kommunikationsverhalten der FM ist auch von diversen *Kommunikationspartnern* geprägt, die sich in zwei Ebenen einteilen lassen. Ähnlich wie bei den AM besteht zum einen Kontakt zu *bundestagsinternen* Kommunikationspartnern wie dem eigenen Vorgesetzten, anderen FM oder AM. Aufgrund ihrer Zuständigkeit für die gesamte Fraktion stehen sie auch allen anderen Abgeordneten(büros) der Fraktion mit Informationen zur Verfügung.

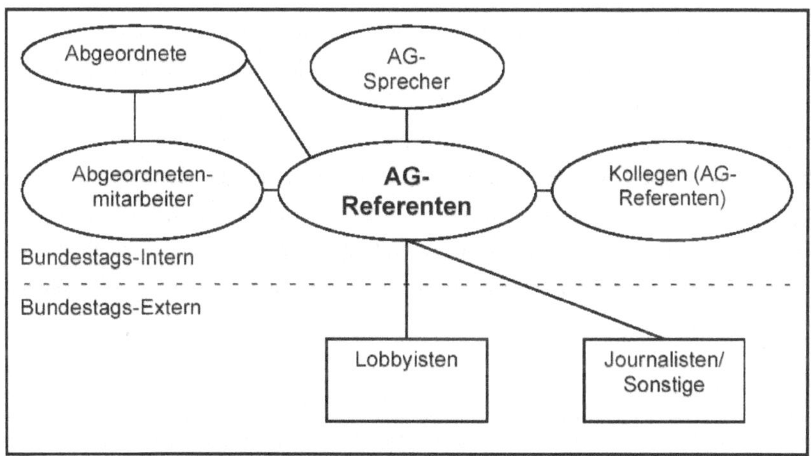

Abbildung 5: Wichtige Kommunikationsbeziehungen von AG-Referenten (© Eigene Darstellung)

---

180 Vgl. ebd.

181 *„es gibt natürlich in jedem Ministerium auch Mitarbeiter, die den großen Parteien nahe stehen und auch immer eine Anzapfstelle, oder wenn man es bösartig nennt, ein ‚leak', wo man an Informationen herankommen kann. Es gibt zweitens das Parlaments- und Kabinettsreferat, in dem im-*

Auf der anderen Seite stehen sie in ständigem Kontakt mit *bundestagsexternen* Akteuren wie Lobbyisten oder Journalisten. Der Wahlkreis des Sprechers gehört allerdings nicht dazu. (vgl. Abb. 5). Das Kommunikationsverhalten soll im Folgenden mittels je eines Fallbeispiels für einen bundestagsexternen und einen bundestagsinternen Kommunikationspartner analysiert werden.

2.2.2.1 Fallbeispiel bundestagsintern: Beziehung zum Vorgesetzen

Jeder Arbeitsgruppensprecher hat neben seiner Funktion in der Arbeitsgruppe auch andere zeitintensive Aufgabenbereiche wie die Betreuung seines Wahlkreises als Abgeordneter wahrzunehmen.[182] Daneben ist die Arbeit der Referenten auf die Sprecherfunktion des Abgeordneten begrenzt. Deshalb sind das Kommunikationsverhalten und die Zusammenarbeit zwischen Arbeitsgruppenreferenten und dem Sprecher zwar meist intensiver Natur, aber sehr auf das jeweilige Fachthema der Arbeitsgruppe konzentriert.[183] So beschreiben einige Befragte die Verbindung zwischen Referenten und AG-Sprechern als eine Art „Zweckgemeinschaft".[184] Referenten schließen keinen Arbeitsvertrag mit dem Arbeitsgruppenvorsitzenden, sondern mit der Fraktion. Viele von ihnen genießen augrund ihres Beamtenstatus finanzielle Sicherheit. Dementsprechend sehen einige Referenten die Beziehung zu ihrem Vorgesetzten als eher unabhängig an. Gleichwohl ist laut vieler Befragter eine gute persönliche Beziehung und mitunter eine informelle und vertrauensvolle Kommunikation zwischen Referent und Sprecher bedeutend für eine erfolgreiche Arbeit, die zumeist auch gegeben ist.[185]

---

mer ein den jeweiligen Fraktionen zugeordneter Mitarbeiter sitzt.", F4, S. 2. Siehe auch F2, S. 8; F4, S. 2; F2, S. 8.

182 Vgl. F2, S. 5.

183 „*[Der/die] Abgeordnete ist [unser/e] Dienst- und [Fachvorgesetzte/r], aber wir hängen schon physisch nicht ganz so nah auf [ihm/ihr] drauf, wie das häufig im direkten Vorzimmer des Abgeordneten der Fall ist [...] Wir nehmen ja auch nicht die Telefonanrufe [des/der] Abgeordneten entgegen, zum Beispiel.*", F2, S. 5.

184 „*Letztlich ist es eine Zweckgemeinschaft. Die Sprecher werden am Anfang der Wahlperiode gewählt. Ein Jahr später werden sie in der Regel im Amt bestätigt. Die Mitarbeiter sind wie ich oft schon da, in der Fraktion. Dann hat [er/sie] auch gar keine große Wahl, ob [er/sie] diese Mitarbeiter überhaupt haben will.*", F3, S. 8.

185 „*Man beschnuppert sich manchmal eher.*", F3, S. 8.

Die Kommunikation ist vor allem von der Einteilung in Sitzungs- bzw. Nichtsitzungswochen des Deutschen Bundestages abhängig. Da sich die Sprecher in den sitzungsfreien Wochen beruflich zumeist im Wahlkreis aufhalten, in den Sitzungswochen jedoch in den Gremien des Bundestages vor Ort sein müssen, kommunizieren sie mit ihren Referenten während der sitzungsfreien Wochen vorwiegend per Telefon, Email, Fax oder Post. In Sitzungswochen arbeiten die Referenten grundsätzlich stärker persönlich für ihren Sprecher und fühlen sich in besonderem Maße von diesem gefordert. In Nichtsitzungswochen finden sie dagegen eher Zeit, auch für die anderen Abgeordnetenbüros zur Verfügung zu stehen.[186]

2.2.2.1.1 Arbeitsaufträge

Da die Sprecher vor allem in den Sitzungswochen im Bundestag anzutreffen sind, begleiten viele Referenten ihre Vorgesetzten in zahlreichen Gremien des Deutschen Bundestages, die mit dem Fachthema der jeweiligen Arbeitsgruppe in Verbindung stehen.[187] Hier erhalten Referenten häufig mündliche Aufträge, die zum Beispiel in der Anfertigung von Pressemitteilungen, Änderung von Tagesordnungen oder Beratungs- und Rechercheleistungen bestehen.[188] Auf der anderen Seite erhalten FM schriftliche Aufträge. Hier erhält der Sprecher die vom Referenten vorselektierten und in einer Mappe geordneten Informationen, wie Briefe, Pressemitteilungen oder Sitzungstagesordnungen für den Sprecher, die das Facharbeitsgebiet der AG betreffen. Der Sprecher entscheidet nach Durchsicht der Dokumente, ob bzw. wie sie bearbeitet werden sollen und kommuniziert seine Entscheidung etwa per Verfügung auf diesen Dokumenten oder durch ein Gespräch mit dem Referenten.

Obwohl Fraktionsreferenten viele ihrer Aufträge *reaktiv* auf Anweisung ihres Vorgesetzten bearbeiten, können sich die meisten relativ frei in die inhaltliche Ausgestaltung der Aufgaben einbringen.[189] Schließlich gehen die Initiative und die Entscheidungsvorbereitung von Themen je nach Arbeitsgruppenbüro oft auf sie zurück. Letztlich fungieren viele in ihrem Fachbereich als *Gatekeeper* für ihren Sprecher und

[186] Vgl. F3, S. 3f. Siehe auch F2, S. 2 und F1, S. 7.
[187] Vgl. F1, S. 7.
[188] Vgl. ebd. Siehe auch: „*[Der/die Chef/in] kommt auch immer mit irgendwelchen Wünschen oder Vermerken, die [er/sie] zu bestimmten Themen haben möchte und und und.*“; F1, S. 7.
[189] Vgl. F2, S. 5.

beantworten selbständig fachliche Anfragen ohne Kenntnis ihres Vorgesetzten, während sie sich in politischen Fragen eher mit dem Sprecher abstimmen.[190] So sehen sich einige Fraktionsreferenten nicht primär als Empfänger von Aufträgen des Sprechers, sondern eher als Entscheidungsvorbereiter und Fach-Berater; andere wiederum fühlen sich eher als Auftragsempfänger.[191]

2.2.2.1.2 Arbeitsbesprechungen

Während sich die meisten Referenten regelmäßig am Anfang der Woche zu einem festen Termin treffen, um eine wöchentliche Arbeitsbesprechung abzuhalten, betonen viele, dass ein Großteil der Kommunikation mit dem Abgeordneten sporadisch und „auf dem kurzen Dienstweg" untereinander abgestimmt wird. [192]

2.2.2.1.3 Störungen und Konflikte

Einige Befragte merken bezüglich der Kommunikation an, dass manche AG-Vorsitzende die Arbeitsbedingungen der Referenten nicht immer richtig einschätzen. So ist für diese teilweise nicht der volle Umfang der Tätigkeit ersichtlich, welche die Mitarbeiter für sie bearbeiten. Manche Sprecher vergessen bei der Einschätzung der Arbeitsbelastung ihrer Mitarbeiter, dass die Referenten während der Zeit, in der sie von ihnen etwa zu Sitzungen begleitet werden, kaum etwas von ihrer übrigen anste-

---

[190] *„Ja. [Der/die Chef/in] weiß auch gar nicht, was wir hier alles machen. [...] Wir erhalten ja den ganzen Müll, der an die Fraktion geht, die MdB-Büros, Anfragen von anderen Leuten, Koordinierung... Für viele Dinge muss [er/sie] sich auch gar nicht interessieren. [Der/die] soll zu seinen ganzen Veranstaltungen gehen und einen guten Eindruck machen. Das muss alles gut vorbereitet sein. [Wir] halten [ihm/ihr] den Rücken frei, damit [er/sie] sich auf die wirklich politischen Dinge konzentrieren kann.*", F3, S. 8. *„Wir kriegen eben auch viele Anfragen, die [der/die] Abgeordnete in dieser Form gar nicht mitbekommt und mitbekommen muss, weil wir fachlich einfach um Stellungnahme gebeten werden, aber wir stimmen alles mit [unserem/er] Abgeordneten ab, was politische Bedeutung hat oder fachliche Bedeutung für [ihn/sie] hat.*", F2, S. 5.

[191] Vgl. F1, S. 7; F3, S. 8; F2, S. 5.

[192] Vgl. F4, S. 9 und F1, S. 6. Siehe auch: F2, S. 12. *„Klar. Es gibt eine regelmäßige Bürobesprechung, aber es gibt immer den kurzen Draht. Das ist ja das, was diesen Job interessant macht. Sie sind immer direkt am Abnehmer dran und müssen nicht erst noch irgendwelche Leitern im Ministerium hochschreiben*", F4, S. 9.

henden Arbeit erledigen können.[193] Daneben gibt es Abgeordnete, denen die Einschätzung der Arbeitsbelastung ihrer Mitarbeiter aufgrund von fehlenden eigenen Erfahrungen als Arbeitnehmer schwer fällt.[194] Demgemäß berichten einige Referenten von einer starke Forderung bis Überforderung, die sich in hohen Erwartungen bzw. zahlreichen direkten Arbeitsaufträgen äußert[195] und zum Teil zu Lasten von eigenen kreativen oder inhaltlichen Arbeiten geht.[196] Die richtige Einschätzung der Arbeitsbedingungen der Mitarbeiter variiert allerdings von Büro zu Büro. So berichten andere Referenten, dass ihre Vorgesetzten ihre Arbeitsbelastung so einschätzen, dass sie zwar von ihnen gefordert, aber nicht überfordert werden.[197]

In vielen Fraktionen des Bundestages kommt es vor, dass Fachreferenten von ihren jeweiligen Sprechern auch Aufträge erhalten, die ihren Zuständigkeitsbereich über-

---

193 *„Es werden teilweise auch unerfüllbare Ansprüche an die Mitarbeiter gestellt – auch vom Arbeitsanfall. Weil die Abgeordneten oft nicht wissen, welche Arbeit dahinter steckt, die sie dort anfordern. Sie vergessen, dass wir ja in diesen Sitzungen ständig dabei sind und die Arbeitszeit dann wegfällt, sodass wir bestimmte Dinge nicht ausführen können. Neulich habe ich wieder von [einem/einer Kollegen/in] gehört, dass [sein/e/ihr/e Chef/in [ihn/sie] nach einem langen Sitzungsmarathon darauf hingewiesen habe, dass [ihm/ihr] ein Vermerk fehle. [Er/sie] fragte [ihn/sie] dann, wann [er/sie] es denn hätte machen sollen. Die Antwort war: „Ja... zwischendurch mal.... Aber so etwas dauert schon zwei, drei Stunden, das geht nicht zwischen Tür und Angel. Man muss sich damit auseinandersetzen und kann es nicht nachts um drei Uhr machen.*“, F1, S. 8. f.

194 *„[Mein/e Chef/in] ist seit über 15 Jahren im Bundestag – direkt nach dem Studium mit Anfang/Mitte Zwanzig. [Er/Sie] kann oft nicht abschätzen, welche Arbeit dahinter steckt, wenn [er/sie] irgendeinen Auftrag vergibt.*“, F1, S. 8; *„Manche Arbeitsgruppen werden durch den Arbeitsgruppenvorsitzenden sehr in Anspruch genommen. Der Vorsitzende ist dann mitunter auch nicht so organisatorisch oder von der Personalführung her begabt, dass er optimale Ergebnisse bekommt. Er überfordert die Leute oder macht falsche Vorgaben.*“, A1, S. 3. Vgl. dazu: Golsch (1998), S. 166ff.

195 *„Man bekommt [...] einige Male am Tag einen Anruf von [ihm/ihr], immer mit einem neuen Auftrag. Wenn man den zweiten Anruf von [ihm/ihr] bekommt, hat man den ersten Auftrag von [ihm/ihr] oft noch nicht erledigt. Und so multipliziert sich das immer weiter, sodass man am Ende des Tages vielleicht vier Aufträge erledigt hat – vier sind dann noch offen. Am nächsten Tag geschieht dann das gleiche Spiel. [...] Die Dimension der Arbeit und die Arbeitsbelastung sind sehr hoch.*“, F1, S. 8. Vgl. auch F1, S. 9.

196 *„...ich weiß auch, dass es aus anderen Büros ziemliche Fehleinschätzungen gibt – dass die Kollegen dann einfach überfordert sind. Das liegt natürlich immer an beiden Seiten. Wenn zuviel „Scheiß“ kommt, um es mal deutlich zu sagen, muss man auch mal deutlich sagen können „Nein, also das jetzt nicht“. Also wenn Sie ständig mit irgendwelchem Kleinkram zugedeckt werden, hier ein Briefchen, da ein Briefchen dort ein Briefchen beantworten – das kostet viel Zeit. [...] Und wenn der Abgeordnete das nicht einsieht, dann wird er am Ende selber darunter leiden.*“, F4, S. 9. *„Es gibt auch hier Tage, an denen man am liebsten alles hinschmeißen würde. Da ist man mit [dem/der] Arbeitsgruppenvorsitzenden nicht zufrieden und denkt, dass [er/sie] das doch selber machen soll, man geht jetzt nach Hause. Das kommt schon vor. An solchen Tagen würde ich nicht von großer Arbeitszufriedenheit sprechen, aber solche Tage sind in jedem Job ja völlig normal.*“, F1, S. 10f.

197 Vgl. F2, S. 6; F4, S. 9 oder F1, S. 9.

schreiten. So fühlen sich einige teilweise als „persönliche Referenten" behandelt, wenn sie die Aktentasche des Sprechers transportieren müssen oder aber beauftragt werden, Kontakte mit Journalisten aus dem Wahlkreis des Sprechers herzustellen.[198] Schließlich wird geschildert, dass es nicht gewünscht sei, sich mündlich an den Gremiensitzungen zu beteiligen, während sie außerhalb der Sitzungen als Ratgeber gefragt seien.[199]

2.2.2.2 Fallbeispiel bundestagsextern: Beziehung zu Lobbyisten

2.2.2.2.1 Art der Kommunikationsbeziehung

Kommunikationsbeziehungen zwischen Interessenvertretern und AG-Referenten werden vor allem von Lobbyisten, aber auch oft von den Referenten begonnen. Lobbyisten sind in diesem Zusammenhang vor allem entsprechende Fachverbände im Zuständigkeitsbereich der Arbeitsgruppe.[200]
Einerseits stehen die Referenten auch immer *indirekt* mit den Interessenvertretern in Verbindung. Dies vor allem dann, wenn sie als Dritte in Kommunikationsbeziehungen des Abgeordneten mit den Lobbyisten durch die Beantwortung von Schreiben oder der Teilnahme an Gesprächen involviert sind.[201]
Andererseits pflegen AG-Mitarbeiter auch *direkten* Kontakt mit Interessenvertretern. Einerseits geschieht dies immer dann, wenn sich Lobbyisten mit Fragen zu Verfahrensständen oder mit Wünschen, Anmerkungen, Anregungen bzw. konkreten Forderungen zu Gesetzgebungsvorhaben an die Referenten direkt wenden. So gehen bei vielen AG-Referenten vor allem Telefonanrufe von Interessenvertretern ein.[202] Refe-

[198] Vgl. F1, S. 8.
[199] Siehe F3, S. 5; F1, S. 8. Vgl. auch Schöne (2005), S. 805.
[200] Vgl. F3, S. 9.
[201] *„[Unser/e Sprecher/in] wird von sehr vielen Gruppierungen angeschrieben. Wir beantworten dann diese Briefe oder nehmen auch ab und zu an Gesprächen teil, die [der/die Sprecher/in] dann zum Beispiel mit Vorsitzenden von großen Verbänden führt."*, F1, S. 10; *„Parlamentarische [Abende] sind ja auch etwas für die Abgeordneten. [...] Aber es ist ja auch wichtig, dass wir dann mit dem Büroleiter des Vorstandsvorsitzenden dann mal Kontakt haben oder dem Leiter der Abteilung XY."*, F3, S. 11; *„Wenn Termine mit Verbänden sind, sind die typischerweise abends oder manchmal auch im Rahmen von Mittagessen und morgens."*, F2, S. 4.
[202] *„Fachliche Stellungnahmen geben die Abgeordneten ab. Wir selber können aber über Verfahren berichten, über sich abzeichnende Voten oder Meinungen. Wir werden auch dazu häufig von Ver-*

renten erhalten auch ganz persönliche Einladungen zu Parlamentarischen Abenden, Informationsveranstaltungen oder persönlichen Gesprächen, die sich thematisch zumeist auf den Zuständigkeitsbereich der Arbeitsgruppe beziehen. So schildert ein Referent:

> *„Was gemacht wird ist, dass Verbände wissen, dass wenn sie jemanden treffen wollen und einmal in Ruhe sprechen wollen, dass das nicht während der Arbeitszeit geht, sondern gegebenenfalls mal im Rahmen eines kleinen Abendessens oder Ähnliches oder im Rahmen einer Veranstaltung in den Verbandshäusern, wo dann im Rahmen einer Veranstaltung mal ein kleines Programm angeboten wird – das heißt ein Fachvortrag, ein kleines Stehbüffet, wo man sich über die Themen unterhält. Das heißt: „Diese Abende sind schon wichtig. Es gibt oft ein gutes Essen – und es ist ja auch sinnvoll, wenn man die Leute kennt, die man anruft. Das macht die Sache einfacher, gerade wenn es um Papiere geht, die vielleicht in einem großen Verband noch nicht abgestimmt sind.".*[203]

Diese Termine dienen vor allem dazu, sich einander bekannt zu machen und ein persönliches Verhältnis zwischen Lobbyist und FM herzustellen. Sie finden insbesondere in Nichtsitzungswochen statt; Grund hierfür ist, dass auch die Referenten mehr Zeit haben und somit entspanntere Zusammentreffen möglich sind.[204] Schließlich betonen einige Referenten, dass sie auch ganz bestimmte Informationen von Lobbyisten erhalten, die für ihre Arbeit sehr äußerst sind. Teilweise gehen FM selbst mit Fragen auf Lobbyisten zu.[205] Damit ist diese Kommunikationsbeziehung grundsätz-

---

bänden konsultiert.", vgl. F2, S. 8. „*Wir werden häufig zu den aktuellen Fragen angerufen, wir werden häufig von Verbänden angerufen, die in ihrem Sinne auf die Gesetzgebung Einfluss nehmen wollen, die ihre Interessenspunkte uns gegenüber darlegen wollen.*", F2, S. 4. Siehe auch F1, S. 10; F2, S. 8 oder F3, S. 10.

[203] Vgl. F2, S. 10 f. „*Wir werden natürlich von Lobbyisten eingeladen. Heute Mittag war ich zum Beispiel bei der Allianz Group zu einer Diskussionsrunde zu einem politischen Thema eingeladen. Dass man Einladungen bekommt und dann Diskussionen besucht, das passiert ständig.*", F1, S. 9.; „*Ja [man trifft sich auf Parlamentarischen Abenden], wobei man da eher Visitenkarten austauscht. Da wird man dann nicht irgendwelche Gesetzentwürfe durchdeklinieren. Da sagt man dann eher, dass man in der oder der Sache in den nächsten Tagen noch einmal telefonieren muss.*", F3, S. 10 f.; „*Diese Angebote der Lobbyisten, sich im Rahmen einer ungezwungeneren Atmosphäre sich mit etwas Zeit einem Thema zu widmen, ist nun einmal erforderlich, um sich überhaupt das Gehör der Beteiligten zu finden.*", F2, S. 10. Siehe auch F3, S. 10.

[204] Vgl. F2, S. 4.

[205] So lautet ein Zitat eines Lobbyisten: „Es ist wahrhaft erschreckend, wie wenig Wissen, wie wenig Erfahrungen unsere Abgeordneten besitzen – selbst in den Fachausschüssen. Kein engagierter Parlamentarier und immer weniger Bürokraten kommen um das gereichte Fachwissen [der Lobbyisten] herum.", vgl. Scheidges (2006), o.S.

lich sowohl für Lobbyisten, als auch für viele Referenten von wesentlicher Bedeutung.[206]

2.2.2.2.2 Bedeutung der AG-Referenten für Lobbyisten

Wie das zurückliegende Kapitel bereits skizziert, ist die Kommunikationsbeziehung zwischen AG-Mitarbeitern und Lobbyisten ein „gegenseitiges Geben und Nehmen“.[207] Ausdrücklich sind auch viele Referenten an den Informationen mancher Lobbyisten interessiert. Einige Verbände haben Abteilungen mit fachlich versierten Mitarbeitern, die den Referenten zum Beispiel allerneuestes Zahlenmaterial, Argumente oder fertige Textbausteine für Reden liefern.[208] Die Intensität der Lobbyingmaßnahmen hängt dabei vor allem von der Bedeutung der Arbeitsgruppe und ihres politischen Kernthemas für Lobbyisten ab.[209] So erhalten FM fast ausnahmslos themenspezifische Anliegen. Folglich haben einige Fraktionsmitarbeiter sehr häufig, andere wiederum selten bis kaum Kontakt zu Lobbyisten.[210] Obwohl AG-Mitarbeiter zwar keine direkte Entscheidungsmacht haben, können sie jedoch indirekt durch ihr Fachwissen in politischen Teilbereichen je nach Arbeitsgruppe zu einem gewissen Grad durch *Beratungsleistungen oder Entscheidungsempfehlungen* Einfluss auf ihre Vorgesetzten nehmen und somit auf politische Entscheidungen beeinflussen.[211] So wird Lobbying und die Kommunikation von Anliegen in Richtung der Referenten

---

206 *„Zeitnähe ist alles. Deshalb ist ein regelmäßiger, sehr intensiver Kontakt erforderlich. Es bringt etwas für beide Seiten, wenn im richtigen Moment die richtigen Hilfen angeboten werden und die richtigen Ansprechpartner zur Verfügung stehen.“*, F2, S. 9.

207 *„Typischerweise haben die Verbände bewährte und gute Personen, die sich hier präsentieren. Es ist ein gegenseitiges ‚Geben und Nehmen'.“*, F2, S. 9; *„Es ist ein ‚Geben und Nehmen'. Wenn sich bei uns Positionen verfestigen, wollen die wissen, wie da der Stand ist. Wobei das oft in Stadien geschieht, in denen man noch gar nichts sagen darf. Da zapfen wir die eher an, als sie uns, würde ich sagen. Es ist auch in deren Interesse, wenn wir sie anzapfen, denn das ist die Gelegenheit, mit uns in Kontakt zu treten, um ihre Forderungen durchzusetzen. Nichts ist schlimmer für einen Verband, wenn sie keine Kontakte in die Fraktionen haben. Das läuft hier ja alles über Bande.“*, F3, S. 10.

208 Vgl. F3, S. 10.

209 *„Wir sind nichts so stark von Lobbyarbeit betroffen, wie andere Facharbeitsgruppen. Von daher kann ich das nicht beurteilen.“, F1, S. 10; „Also das ist hier minimal. [In anderen Arbeitsgruppen ist Lobbying stärker] In anderen AGs – Umwelt wird stark sein, Wirtschaft sicher sehr stark, Gesundheit extrem- also Pharma-Lobby - dafür gibt es hier zu viele Lobbyisten.“*, F4, S. 10.

210 Vgl. F1, S. 10. Siehe auch F4, S. 10.

211 Vgl. dazu auch Ilse (2003), o.S.

von vielen Befragten als notwendig angesehen. Einige unterstreichen sogar, dass Akteure, die kein Lobbying gegenüber der Fraktion betreiben, durchaus Nachteile erfahren können, indem ihre Interessen in der Gesetzesformulierung *„übersehen werden“.*[212]

2.2.2.2.3 Bewertung der Beziehungen und Optimierungsvorschläge

Die Befragung zeigt, dass die AG-Mitarbeiter dennoch ein differenziertes Bild von Lobbyisten haben. Viele sehen das Wirken von Lobbyisten zwar grundsätzlich als sehr positiv an.[213] Es wird allerdings betont, dass die Interessenvertreter sich bezüglich ihrer Informationen und einer Kommunikation derselbigen qualitativ stark voneinander unterscheiden.[214]

Viele FM wünschen sich von Interessenvertretern vor allem einen genaueren *Blick auf die Strukturen und die Arbeitsweise der Fraktion.* Interessenvertreter sollten sich deshalb gründlich über die Arbeitsweise der Fraktion informieren, bevor sie sich an deren Vertreter wenden, wie folgendes Zitat anschaulich deutlich macht:

> *„...ich [würde] erst einmal die Fraktion kennen lernen, um dann zu versuchen, die Leute ganz gezielt anzusprechen. Die Funktionsträger müssen natürlich pro forma alle auch ein Papier bekommen. Dann sollte man auch mit uns Kontakt aufnehmen. Ich sagte ja auch schon, dass man es nicht überreizen soll. Aber sie sollten schon wissen, wen sie überzeugen müssen. Also nicht nur den Abgeordneten, sondern durchaus auch uns [Referenten], weil wir vielfach auch die Infos brauchen. Zum zweiten, weil wir durchaus auch ein Hebel sind. Wenn ich einen Vermerk schreibe und bekomme von einem Verband dauernd guten Input und passende Informationen, dann schaut man sich die auch einmal an. Ferner darf man die Langzeitwirkung nicht ganz vernachlässigen. Von daher kann ich den Verbänden nur*

[212] *„Die Branchen, die es nicht professionell genug machen, könnten, [...] vielleicht Nachteile dadurch erleiden, dass ihre Interessen in der Gesetzesformulierung vielleicht übersehen werden.“*, F2, S. 9.

[213] *„Auf den Wecker gehen mir die Lobbyisten nicht. [...] Ich bin mit der Arbeit der Lobbyisten ganz zufrieden. Ich finde es nicht übertrieben was uns anbetrifft, es ist aber auch nicht zu wenig.“*, F1, S. 10.

[214] *„Das ist unterschiedlich. Die Verbände unterscheiden sich einfach qualitativ. Manche sind gut aufgestellt, die bieten auch viele Fachinformationen und haben große Abteilungen mit viel Personal, die Qualität anbieten.“*, F3, S. 11; *„Es gibt Verbände, die dies professioneller machen als andere.“*, F2, S. 9.

raten, auf jeden Fall gezielt an die Fraktion heran zu treten und nicht so wahllos alle nur mit Papier zuzumüllen.“[215]

Einige Lobbyisten sind demzufolge offensichtlich unerfahren mit politischen Prozessen, Strukturen oder Bedürfnissen der Politik. Der Umstand, dass bestimmte Interessenvertreter ihre Schreiben an alle Abgeordneten des Bundestages schicken, wird dabei als negativ betrachtet.[216] Manche kommunizieren aus Sicht der Interviewten in einer ‚hölzernen' Art und Weise, fortwährend mit denselben Argumenten; sie sind dabei wenig zugänglich für Gegenargumente bzw. andere Vorschläge oder manifestieren durch ihr Verhalten ein ausschließliches Interesse am Verkauf ihrer Produkte. [217] Ferner bieten einige Lobbyisten den FM aufgrund fehlender Ressourcen auch nicht ausreichende Informationen, um überhaupt generelles Interesse zu wecken.[218] Schließlich wählen einige Lobbyisten einen falschen Zeitpunkt, um ihre Stellungnahmen zu Gesetzesvorhaben anzutragen. Demnach werden viele Anliegen kurzfristig vor bzw. während entsprechender Gesetzesverhandlungen artikuliert.[219]

---

[215] *„Ich würde den Lobbyisten nahe legen, sich erst einmal zu informieren, wie die Fraktionen eigentlich organisiert sind.“*, F3, S. 11.

[216] *„…manche Verbände schreiben ja wirklich an jeden Abgeordneten, an alle 600. Wenn ich Wahlkreismitarbeiter bin und ein Papier der Zigarettenindustrie an meinen Abgeordneten bekomme, bei dem es um irgendwelche bundespolitische Zuschüsse im Gesundheitswesen geht, dann schmeiße ich diesen Brief einfach weg. So landen dann mindestens 300 oder 400 von diesen Briefen schlicht im Papierkorb. Das finde ich schlicht dämlich. Das könnte man sich auch sparen.“*, F3, S.11.

[217] *„Manche sind unerfahren [...] Manche, wie Immobilienverbände oder Investmentfonds wollen nur ihre Produkte verkaufen, das ist oft geschustert. [...] Andere stellen ihre Forderungen unter andere Gesichtspunkte: Senkung der Lohnnebenkosten oder Beschäftigungen schaffen, zum Beispiel. [...] Da gibt es also qualitative Unterschiede“*, F3, S. 11.

[218] *„Lobbyisten, die es zu plump versuchen, haben bei uns Fraktionsmitarbeitern und den Abgeordneten keine guten Karten. Lobbying muss schon im Rahmen eines Gebens und Nehmens und im Rahmen eines intelligenten Lobbyings geschehen. Da dürfen nicht nur Partikularinteressen transportiert werden.“*, F2, S. 9; *„…einige wenige Verbände mit einem kleinen Spektrum machen jedes halbe Jahr den selben Vorschlag, der sich seit den letzten zwei Jahren nicht durchgesetzt hat und sich auch in den nächsten zwei Jahren nicht durchsetzen wird. Das nervt, weil man merkt, dass die sich nicht fortentwickeln. Wenn ich ein Produkt nicht verkaufen kann, muss ich doch zumindest die Broschüre umarbeiten. Das ist dann manchmal müßig.“*, F3, S. 11 f.

[219] *„Es bringt etwas für beide Seiten, wenn im richtigen Moment die richtigen Hilfen angeboten werden und die richtigen Ansprechpartner zur Verfügung stehen. Wenn dies nicht erfolgt und die Rückkopplung nicht funktioniert, ist es eher eine Zeitverschwendung, wenn man sich zur falschen Zeit mit den falschen Themen beschäftigt oder nicht im richtigen Moment verfügbar ist.“*, F2, S. 9; *„Die wichtigste Aufgabe der Verbände ist also neben der Informationen, die sie haben, das Zeitfenster zu finden, wo sie diese den Entscheidungsträgern vortragen können.“*, F2, S. 10.

2.3 Zwischenergebnis

Sowohl für Abgeordnetenmitarbeiter als auch Arbeitsgruppenreferenten nimmt die Aufnahme von Informationen einen überaus hohen Stellenwert in ihrer Tätigkeit ein. Die Interviewpartner beider Gruppen bedienen sich zunächst zur Erfüllung ihrer Aufgaben mehrmals täglich gedruckter Medien wie Zeitungen oder Pressespiegel. Andererseits verwenden sie auch elektronische Informationsmedien wie das Internet oder das Intranet. Die Untersuchung zeigt, dass Arbeitsgruppenreferenten bei den gedruckten Medien vor allem überregionale oder branchenspezifische Zeitungen nutzen. Dagegen haben für viele Abgeordnetenmitarbeiter neben überregionalen Medien besonders auch regionale Medien wie die Lokalpresse des jeweiligen Wahlkreises ihres Abgeordneten einen hohen Stellenwert bei der Informationsgewinnung. Schließlich wird deutlich, dass Angehörige beider Gruppen die gedruckten Medien regelmäßig nutzen, während sie andere Medien wie das Internet oder das Intranet des Bundestages eher für die gezielte Informationssuche verwenden. Die Bibliothek spielt dagegen bei beiden Gruppen eine eher untergeordnete Rolle bei der Informationsgewinnung.
Zu ihren Vorgesetzten pflegen sowohl die AM als auch die FM eine intensive Arbeitsbeziehung. Wie gezeigt wurde, sind Abgeordnetenmitarbeiter in vielen Fällen für den gesamten thematischen Arbeitsbereich als „Persönliche Referenten" des Abgeordneten zuständig. Dagegen wird die Beziehung der Referenten zu ihrem Sprecher vielfach eher als eine Art „Zweckgemeinschaft" empfunden und ist immer auf das jeweilige Thema der Arbeitsgruppe begrenzt.
Ferner ist die Kommunikation in beiden Fällen von Sitzungs- und Nichtsitzungswochen abhängig, da sich viele Parlamentarier in sitzungsfreien Wochen nicht vor Ort in Berlin, sondern im Wahlkreis aufhalten. So erfolgt die Arbeitsauftragsvergabe der Vorgesetzten bei beiden Gruppen grundsätzlich sowohl auf (fern-) mündlichem als auch auf schriftlichem Wege.
Die Frage, ob Mitarbeiter eher autonom oder eher reaktiv arbeiten, hängt vor allem in den Abgeordnetenbüros stark vom jeweiligen Vorgesetzten ab. Die Funktion der Referenten als „Mitarbeiter vom Fach" erfordert jedoch schon dem Profil nach selbständiges Arbeiten. In politischen Fragen stimmen sie sich dagegen für gewöhnlich mit dem Sprecher ab.

In der Fallstudie kommt zum Ausdruck, dass sich einige Mitarbeiter offenbar enorm gefordert bis überfordert fühlen. Schließlich sind sich manche Abgeordnete ihrer sozialen Funktion als Arbeitgeber nicht in ausreichendem Maße bewusst.
AM und FM pflegen auch Kommunikationsbeziehungen zu Interessenvertretern, die ihnen wichtige Informationsquellen für die Ausübung ihrer Arbeit darstellen. Diese Beziehungen bestehen einerseits indirekt über ihren Vorgesetzten bzw. dessen Funktion, andererseits existieren auch direkte Beziehungen. Die Initiative geht dabei zwar meist von den Lobbyisten aus, in Einzelfällen treten jedoch auch die Mitarbeiter und Referenten bzw. die Parlamentarier selbst an diese Gruppen von Interessenvertretern heran.
Die Frage, welcher Lobbyist sich mit welchen Themen und welcher Intensität an welchen Mitarbeiter wendet, hängt bei AM vor allem von seiner jeweiligen Funktion ab sowie insbesondere von der Bedeutung des Abgeordneten für ein konkretes Gesetzgebungsverfahren. Dagegen hängt diese Frage bei den FM neben ihrer Stellung innerhalb der Arbeitsgruppe vor allem von der fachlichen Einbindung und Bedeutung der Arbeitsgruppe sowie ihres Vorsitzenden für ein bestimmtes politisches Kernthema ab.
Sowohl Abgeordneten- als auch Arbeitsgruppenmitarbeiter üben zwar keine „Macht" im klassischen Sinne aus. Beide Gruppen können Interessenvertretern bei der Durchsetzung ihrer Interessen jedoch äußerst nützlich sein. Vor allem AG-Referenten sehen das Wirken von Lobbyisten als notwendig und wichtig an. Beide interviewten Gruppen beurteilen die Arbeit von Interessenvertretern dabei als qualitativ sehr unterschiedlich. Während der Kontakt zu Interessenvertretern grundsätzlich als durchweg positiv und teilweise sogar sehr nützlich für die eigene Arbeit eingeschätzt wird, stellen beide Gruppen von Mitarbeitern jedoch erheblichen Optimierungsbedarf bzgl. der Arbeit einiger Lobbyisten fest.

3 Voraussetzungen für den Beruf

3.1 Abgeordnetenmitarbeiter

3.1.1 „Soll“ Qualifikationen

Für die Bewältigung der Arbeit eines Abgeordnetenmitarbeiters sind wesentliche hier näher zu beschreibende Anforderungen an die Qualifikation angebracht.

3.1.1.1 Fachwissen

Im arbeitsteiligen Parlament Bundestag spezialisieren sich die meisten Abgeordneten auf einen oder mehrere Fachausschüsse, um ihre Arbeit konzentrieren zu können.[220] Damit sie den Parlamentarier optimal unterstützen zu können, ist es für wissenschaftliche Mitarbeiter in Abgeordnetenbüros von Vorteil, in diese speziellen politischen Themenbereiche inhaltlich bereits vor Arbeitsantritt eingearbeitet zu sein. Eine Möglichkeit besteht darin, diese Qualifikationen in *theoretischer Form*, etwa über das obligatorische Hochschulstudium, zu erwerben. Manche Mitarbeiter spezialisieren sich in ihrem Studium auf den wissenschaftlichen Bereich, den der spätere Abgeordnete in seinem Ausschuss bearbeitet.[221] Viele Befragte sehen aber weniger die Wahl des Studienfaches, sondern eher die Fähigkeit generell wissenschaftlich arbeiten zu können, als Qualifikation an.[222] Andere gehen noch weiter und halten gar den Hochschulabschluss an sich eher für eine formale Qualifikation, die vor allem die Einstufung des Arbeitnehmers in eine höhere Gehaltsklasse ermöglicht.[223] Wie folgendes

---

[220] Vgl. Ismayr (2000), S. 99ff.

[221] z.B. ein Studium der Politikwissenschaft mit Schwerpunkt Verteidigungspolitik für einen Abgeordneten, der im Verteidigungsausschuss sitzt.

[222] *„Aber als Abgeordnetenmitarbeiter muss man nicht unbedingt studiert haben. Hier arbeiten zwar meistens Studenten oder ehemalige Studenten – ich kenne aber auch Abgeordnetenmitarbeiter, die nicht studiert haben. Der Mitarbeiter von einer Abgeordneten zum Beispiel ist aus dem Hotelfach.“*, F1, S. 11. *„Ich bin ja nur Diplom-Ingenieur, passe also gar nicht in das Schema von der Ausbildung her und trotzdem kann ich es machen, weil ich von der Allgemeinbildung doch in der Lage bin, das mehr oder weniger abzudecken.“*, A3, S. 11.

[223] Vgl. A3, S. 20; siehe auch A1, S. 16.

Beispiel verdeutlicht, wird die Frage nach der ‚Praxisrelevanz von Wissenschaft für die eigene Arbeit' oft als nachgeordnet angesehen:

> *„Man arbeitet eigentlich nicht wissenschaftlich, aber es kommt einem zu Gute, wenn man mal wissenschaftlich gearbeitet hat. Wenn es mal um eine schnelle Recherche geht, dann weiß man, wie Datenbanken funktionieren. Aber es ist keine wissenschaftliche Arbeit in dem Sinne, dass man ein Thema von allen Seiten beleuchtet. Dafür ist die Politik zu polarisierend und zu holzschnittartig. Man muss auch sehen, wer der Abnehmer ist: Man hat Podiumsdiskussionen, man hat Zeitungsinterviews. […]Man muss sich die Informationen zusammensuchen, man muss wissen, mit welchem Thema man sich beschäftigt und es kennen. Insofern ist es wissenschaftlich, aber man reichert die Wissenschaft durch seine Tätigkeit nicht an!"*[224]

Dies erstaunt vor dem Hintergrund, dass die übliche Tätigkeitsbeschreibung dieses Personenkreises „wissenschaftlicher Mitarbeiter" lautet.

So zeigt sich, dass neben Politikwissenschaft und Rechtswissenschaft auch zahlreiche andere Studiengänge den Weg in ein Abgeordnetenbüro des Deutschen Bundestages eröffnen. Wie auch die Abgeordneten selbst nicht durchweg Juristen oder Politologen sind, wird dies meist ebenso wenig von den Mitarbeitern erwartet.[225]

Viele Abgeordnetenmitarbeiter haben nicht das Fach studiert, mit dem sie sich beruflich beschäftigen. So eignen sich die meisten AM die nötigen Fachkenntnisse erst durch die *Berufspraxis* an.[226] Es gibt darunter Mitarbeiter, die zuvor bei einem Verband oder bei anderen Abgeordneten gearbeitet bzw. ein Praktikum absolviert haben und somit über Vorkenntnisse verfügen.[227] Viele hatten allerdings vor Aufnahme ihrer Tätigkeit keinerlei spezielle inhaltliche Fachkenntnisse, die auf den politischen Spezialbereich ihres Abgeordneten abgestimmt waren, sondern arbeiteten sich in diesen Bereich als Generalisten „*on the job*" ein.

---

[224] Vgl. A1, S. 17. Vgl. auch: A3, S. 20.

[225] *„Politologie, Jura, aber auch ganz exotische Sachen. Wir haben Theologen, wir haben Kaufleute – wobei die eher selten sind, da die doch eher zu Unternehmen gehen. Aber das sind die beiden zentralen Studiengänge, die sich ja auch letztlich überschneiden.*"; A1, S. 17. Zur Berufstruktur der Abgeordneten: Kremer (1992), S. 105ff.

[226] Vgl. A3, S. 11.

[227] Vgl. A3, S. 20. Siehe auch A2, S. 1.

3.1.1.2 Organisatorisches Geschick

Neben thematischem Fachwissen zu speziellen politischen Themengebieten ist für wissenschaftliche Mitarbeiter laut Befragung vor allem *organisatorisches Geschick* und die *Kenntnis politischer Prozesse* sehr wichtig. Für eine erfolgreiche Arbeit ist neben einer guten Auffassungsgabe das Wissen um formelle politische Abläufe, politische Taktiken, Machtstrategien und das Zustandekommen von politischen Entscheidungen bedeutend. Eine gute Allgemeinbildung wie auch Berufspraxis, etwa in Form von vorherigen Erfahrungen bei politischen Institutionen oder in Form von Praktika, sowie auch Kenntnisse über Wahlkreis und seine Bürger, sind übliche Soll-Qualifikationen für Mitarbeiter.[228]

3.1.1.3 Sonstige Fähigkeiten und Eigenschaften

Einen großen Teil der Arbeit wissenschaftlicher Abgeordnetenmitarbeiter liegt im Bereich der *Politischen Öffentlichkeitsarbeit.* Viele von ihnen verfassen Pressemitteilungen für Zeitungen oder schreiben Entwürfe für Reden. Deshalb ist neben der Kenntnis von Grundlagen und Techniken der Öffentlichkeitsarbeit, der Gesetze der Massenmedien und der Vermarktung von Informationen vor allem die Fähigkeit, auch unter Zeitdruck qualitativ gute *Texte verfassen* zu können, von Vorteil.[229]
Schließlich wird deutlich geäußert, dass *soziale Kompetenz* für wissenschaftliche Mitarbeiter in Abgeordnetenbüros unabdingbar ist. Viele haben die Funktion eines ‚Persönlichen Mitarbeiters' inne und stehen mithin in einem besonders engen Arbeitsverhältnis zu ihrem jeweiligen Abgeordneten, an den sie sich persönlich und mit

---

[228] *„Und die größte oder wichtigste Qualifikation ist es, etwas mitzukriegen. Denn nur dann ist man in der Lage, den immer wieder verschiedenen Fragestellungen irgendwie gewappnet zu sein. [...] Zum Beispiel U1-Umlage – Das ist die Umlage für bestimmte Betriebe für Mutterschutz. Das muss man eben wissen, wenn ein Mittelständler schreibt, die U1 bedrückt mich, denn der erklärt das ja nicht näher. Man muss dann – um keine Zeit zu verlieren, wissen, wo es hingehört. Dazu gehört eben eine ausgeprägte Allgemeinbildung auf diesem Gebiet und man muss eben viel mitbekommen.*", A2, S. 2. Siehe auch A3, S. 10.f.; A3, S. 20. Siehe auch o.A. (2002), o.S.; Schuster (2004), o.S. und Schuster (2005), o.S.

[229] *„Ich habe Reden geschrieben, ich habe eine einwandfreie Rechtschreibung, ich kann mich ausdrücken, und das ist das A&O im politischen Feld.*", A3, S. 20 f. Siehe auch A3, S. 10 f.

ihrer Arbeit in großem Maße anpassen müssen.[230] Andererseits haben sie mit zahlreichen anderen Akteuren sehr unterschiedlichen gesellschaftlichen Ranges aus dem Umfeld des Abgeordneten zu tun, auf die sie sich jeweils einstellen müssen.[231] Deshalb erleichtern Fähigkeiten wie Flexibilität, Anpassungs-, Einordnungs-, Einfühlungsvermögen und diplomatisches Kommunikationsvermögen sowie gute Umgangsformen die Arbeit.[232]

3.1.2 Tatsächliche Einstellungspraxis

Die Frage, ob jemand ein Arbeitsverhältnis als wissenschaftlicher Abgeordnetenmitarbeiter eingehen kann, ist allein von den jeweiligen Parlamentariern abhängig. Diese legen für die Einstellung Wert auf jeweils unterschiedlichste Aspekte, sodass hier keine allgemeingültigen Strukturen oder Regeln aufgeführt werden können. Die persönliche Auswahl der Mitarbeiter durch den Abgeordneten prägt mithin entscheidend die Einstellungspraxis. Aus Sicht der Interviewpartner ist neben den im vorangehenden Kapitel dargestellten *Qualifikationen* und *Kompetenzen* des Mitarbeiters die *persönliche Beziehung* zum Abgeordneten entscheidend für eine Anstellung.[233]

---

230 *„Die Mitarbeiter sind also – man kann fast sagen Sklaven - hinsichtlich des Arbeitsstils des Abgeordneten. Man muss ziemlich genau aufeinander abgestimmt sein.*“, A3, S. 9. Siehe auch A3, S. 8.;A3, S. 9f.; A1, S. 15; A3, S. 21; F1, S. 2 sowie Pilz (2004), S. 669ff. und Haase-Hindenberg (2005-a), o.S.

231 *„Man braucht ein dickes Fell. Man muss mit Menschen klarkommen. Sich zu verschanzen bringt nichts. Man muss eine gewisse kommunikative Fähigkeit mitbringen, und sich einzureihen wissen in die Hierarchie, in den Kosmos, in dem man sich hier bewegt.*“, A1, S. 15. Siehe auch A1, S. 11.

232 *„...flexibel muss man sein. Was insofern auch berechtigt ist, als das Büro oder die Arbeitszeit ja total auf den Abgeordneten individuell zugeschnitten ist. Und wenn der sich bewegt, müssen wir uns ja mitbewegen. Und das muss dann auch schnell gehen.*“, A2, S. 6. Siehe auch A3, S. 2. *„Denn man hält ihnen den Rücken frei, man wimmelt ab, man koordiniert, man bohrt hier und verbindet da. Das sind alles diese Soft-Skills, die, wenn sie nicht da sind, fürchterlich durchschlagen würden.*“; A1, S. 21.; *„Das ist auch beim Redenschreiben sehr wichtig, dass man sich ungefähr in den Abgeordneten versetzen kann. Das man gewissermaßen erspürt, was er sagen würde und wie er es sagen würde.*“, A3, S. 10. *„Eher allgemeine Fähigkeiten sind gefragt:[...], Teamfähigkeit, dass man sich gut ausdrücken kann...*“, A3, S. 10. Siehe auch A3, S. 8; A2, S. 3. Siehe auch Weber (2005), o.S.

233 *„Die meisten [kommen zu ihrem Job] [...], dass sie irgendjemand kennen. Oder dass sie mit aus dem Wahlkreis kommen, wo der Abgeordnete herkommt. Wenn sie schlau sind, und jetzt meinetwegen studieren, bekommen sie das hin, dass sie ein Praktikum machen, oder im Wahlkreis selbst bei einer Aktion mit dabei sind und bei einer Diskussion mal mit einem Abgeordneten sprechen, sodass sie nicht völlig unbekannt sind. [...]Es gibt einen relativ großen Teil an Abgeordneten, die [...] Leute [...]aus irgendwelchen persönlichen Beziehungen kennen und dann bevorzugen.*“, A3, S. 20.

So kommen viele Mitarbeiter über die Bewährung im Rahmen eines studienbegleitenden Praktikums im Abgeordnetenbüro zu ihrer Stelle als AM. Andere kennen den Abgeordneten bereits über politische Arbeit im Wahlkreis. Wieder andere werden von Dritten, wie zum Beispiel Kollegen des Abgeordneten oder anderen Abgeordnetenmitarbeitern, empfohlen bzw. auch übernommen.[234] Eine Beziehung besteht zudem, wenn der Mitarbeiter aus demselben Wahlkreis wie der Abgeordnete stammt. Viele Abgeordnete schätzen es besonders, wenn ihre Mitarbeiter aus dem eigenen lokalen Umfeld stammen wie ihre Wähler, da diese mit den kommunalen Gegebenheiten, den lokalen Problemen sowie generell dem dortigen ‚Typ Mensch' vertraut sind. Dies kann für Abgeordnete insbesondere hinsichtlich ihrer Öffentlichkeitsarbeit und Wahlkreiskommunikation von großem Vorteil sein, wie folgendes Zitat illustriert:

> *„...Landsmann, ja, was nicht das schlechteste Kriterium ist. Denn wenn die Leute aus dem Wahlkreis hier anrufen und sagen „Ja, Sie wissen wohl bestimmt nicht, wo A-Dorf liegt", dann kann man sagen: „Ach wissen Sie, meine Eltern wohnen in B-Dorf, daneben. In welcher Straße wohnen Sie denn?" Sie ahnen gar nicht, was für eine Überraschung dann da ist und wie aufgewertet und ernst genommen sich die Leute allein dadurch schon fühlen. Das ist also durchaus ein Kriterium der Auswahl"*[235]

Dagegen werden schriftlichen Bewerbungen ohne nachvollziehbar dargelegter Beziehung zum Abgeordneten weniger Erfolgschancen eingeräumt.[236] Eigenes politisches Engagement der Mitarbeiter oder eine Parteimitgliedschaft wird von vielen Abgeordneten der CDU/CSU-Bundestagsfraktion nicht vorausgesetzt.[237]

„Ich habe dann gesagt, wer ich bin und darauf hin hat [er/sie] es mit mir versucht. Da hat es gereicht, dass ich empfohlen worden bin von dem, der vor mir da war.", A3, S. 10.

[234] Vgl. A3, S. 20; Siehe F2, S. 12; vgl. auch A3, S. 10. Zum Praktikum: Markiewicz (1993), S. 16. und Schulz (2002), o.S.

[235] Vgl. A2, S. 6. Siehe auch A2, S. 6 f. A3, S. 20; F2, S. 12.

[236] Vgl. A3, S. 20; F3, S. 8.

[237] *„Bei uns kenne ich das nicht. [...] in diesem Punkt ist die CDU und sind die CDU-Abgeordneten in der Regel sehr, sehr liberal.*", A2, S. 5 f. Siehe auch A1, S. 16; A3, S. 11.

3.2. AG-Referenten

3.2.1 „Soll"-Qualifikationen

3.2.1.1 Fachwissen

Da sich Arbeitsgruppen auf einen speziellen politischen Teilbereich konzentrieren, sind AG-Referenten besonders auf vertiefte inhaltliche Fachkenntnisse in diesem politischen Teilbereich angewiesen. Der Erwerb von Fachwissen geschieht vor allem über ein *Hochschulstudium* und die *fachbezogene praktische Berufserfahrung.*[238] Grundsätzlich besitzen alle Fraktionsreferenten zunächst einen *Hochschulabschluss.*[239] Einige Referenten geben an, durch ihr Studium die notwendigen inhaltlichen Kenntnisse im Rahmen des politischen Teilbereiches der Arbeitsgruppe überhaupt erst erworben zu haben. Diese Kenntnisse werden als wichtige Voraussetzung für die Ausübung des Berufes angesehen.[240] Die Interviewten sehen den Hochschulabschluss jedoch insbesondere als formale Voraussetzung für die Aufnahme der Tätigkeit an.[241] Die Praxisrelevanz wissenschaftlichen Arbeitens wird als hoch eingestuft. So betonen einige FM den engen Kontakt zu wissenschaftlichen Forschungsinstituten. Daneben arbeiten Sie sich sehr speziell in einzelne politische Themen ihres Fachbereiches ein.[242] Allerdings ändern sich die zu bearbeitenden politischen Themen der Referenten regelmäßig, sodass eine langfristige wissenschaftliche Bearbeitung einzelner Problemfelder erschwert wird.[243] Auffällig ist, dass überaus viele

---

238 *„Gewisse Grundlagen muss man sich im Studium natürlich schon erarbeiten. [...] Hier allerdings profitiere ich von meiner Tätigkeit im Ministerium. Aber das [...] steht natürlich im Zusammenhang.*", F1, S. 11.

239 Vgl. F2, S. 3; F4, S. 12. Siehe auch Laabs (1979), S. 17.

240 *„Gerade was Öffentliches Recht [...] betrifft. – Das muss man sich im Rahmen des Studiums erarbeiten.*", F1, S. 11.

241 *„Das bedingt [...] die Arbeit im Ministerium. Und die wiederum erfordert, dass man ein [...] Studium hat.*", F1, S. 11.

242 *„Wir sind durchaus häufig in Kontakt mit den sechs großen wirtschaftswissenschaftlichen Forschungsinstituten. [...] Veröffentlichungen werden hier sehr zur Kenntnis genommen. Gut ist, wenn sie Zusammenfassungen beinhalten – damit man sich über das Wichtigste sofort informieren kann – man kann sie dann archivieren und hat sie auch für Detailfragen griffbereit.*", F2, S. 11. *„Es ist bei uns etwas tiefer, weil wir uns dauerhaft mit den Themen immer wieder beschäftigen. Wir werden laufend über aktuelle Themen informiert. Wir haben stabilere Aufgabebereiche als die Abgeordnetenmitarbeiter und können uns von daher etwas tiefer in die Materie einarbeiten.*", F2, S. 11. Vgl. auch Laabs, S. 18.

243 Siehe dazu: F2, S. 11.

Fraktionsreferenten den Studiengang Rechtswissenschaften belegt haben und dies in der CDU/CSU-Fraktion des Deutschen Bundestages als üblich bezeichnen.[244] Zugleich wird jedoch betont, dass grundsätzlich jedes Studienfach den gleichen Rang genieße und es deshalb im Übrigen keine Rolle spiele.[245]
Wichtiger noch als das Absolvieren eines Hochschulstudiums selbst wird von den Befragten die *fachbezogene praktische Berufserfahrung* gesehen. Fast alle von ihnen haben vor Aufnahme ihrer Tätigkeit bereits an anderer Stelle in dem jeweiligen politischen Themenbereich der Arbeitsgruppe Erfahrungen gesammelt.[246] So ist ein Großteil der AG-Referenten zuvor in einem Fachministerium als Beamter in einem politischen Teilbereich tätig gewesen, der dem politischen Kernthema der Arbeitsgruppe nahe steht. Diese Referenten werden für die Zeit ihrer Arbeit in der Fraktion vom Ministerium beurlaubt. Andere haben vor ihrer Anstellung in der Fraktion gewöhnlich bereits fachbezogene praktische Erfahrungen als Mitarbeiter in Verbänden oder anderen, zumeist politischen Stellen, gesammelt.[247] Neben dem dort erworbenen Fachwissen sind insbesondere die erworbenen Kontakte und politischen Netzwerke für die eigene Arbeit in der AG nützlich.[248]

3.2.1.2 Organisatorisches Geschick

Neben rein fachlichen Qualifikationen ist für Fraktionsmitarbeiter, vor allem bei der Vorbereitung von Gremiensitzungen, Pressekonferenzen oder Dienstreisen des Vorgesetzten, ausgeprägtes organisatorisches Geschick von Bedeutung, damit ein reibungsloser Ablauf gewährleistet ist.

---

244 *„Ich [...] bin von Beruf aus Jurist - wie in der Unionsfraktion ohnehin so üblich.*“, F3, S. 1.
245 Vgl. Die Studienfächer der befragten Referenten variieren ebenfalls stark. Vgl. F4, S. 12; F2, S. 1; F1, S. 1; F4, S. 12.
246 Vgl. F1, S. 11; vgl. auch F1, S. 1 und Laabs (1970), S. 17.
247 *„Ich persönlich habe ja zuvor in [Fraktion auf Landesebene] gearbeitet – also ein vergleichbarer Job, nur im Bereich Schul- Hochschul- und Berufsbildungspolitik.*“, F4, S. 12. Siehe auch A3, S. 11.
248 „*...aus den Ministerien [braucht man] häufig ganze Netzwerke [...] und [muss] bestimmte fachliche Profile abdecken [...]. Wenn man zum Beispiel für die Energieabteilung zuständig ist, sollte man für die Abteilung schon mal zu tun gehabt haben.*“ F2, S. 12; „*...man muss Kontaktnetze aufbauen und aufrechterhalten können.*“, F2, S. 5.

3.2.1.3 Sonstige Fähigkeiten und Eigenschaften

Schließlich gehört es zu den Kernaufgaben vieler AG-Referenten, der breiten Öffentlichkeit die Arbeit der Arbeitsgruppe bzw. des AG-Sprechers nahe zu bringen. Dies geschieht durch Kontakt bzw. durch Vermarktung von Informationen an die Massenmedien und erfordert Geschick auf dem Gebiet der *Öffentlichkeitsarbeit*; so zum Beispiel die Fähigkeit, in kürzester Zeit dennoch aussagekräftige Texte zu entwerfen.[249]

Wenngleich die Fraktionsmitarbeiter ihrem Vorgesetzten nur in einer seiner Funktionen, nämlich dem Amt des AG-Sprechers, zuarbeiten, so entsteht doch durch diese Tätigkeit oft ein intensives persönliches Arbeitsverhältnis und zugleich stetiger Umgang mit anderen Akteuren aus dem Umfeld des Parlamentariers. Hier sind gewisse *soziale Kompetenzen* wie Anpassungsvermögen von Vorteil.[250] Schließlich wird die große Relevanz des ‚*politischen Feelings*' betont. Dieses „Gespür" der FM für Ideen bezüglich neuer politischer Themen, welche die Arbeitsgruppe setzen kann, wird als besonders hoher Anspruch an Mitarbeiter gesehen.[251]

3.2.2 Tatsächliche Einstellungspraxis

Die Voraussetzungen für eine Anstellung zum Referenten einer Arbeitsgruppe unterliegen keiner festen Regel.[252] Es lassen sich jedoch Strukturen erkennen, deren Bedeutung für eine Einstellung als hoch eingeschätzt werden. So kann neben der *Fraktion(sführung)* auch der jeweilige *Arbeitsgruppensprecher* und somit spätere Vorge-

[249] vgl. Kapitel III.1.2.2.1.

[250] Vgl. F2, S. 5. „*Abgeordnete sind meines Erachtens eine ganz besondere Spezies von Mensch, die ganz besondere Anforderungen an ihre Mitarbeiter und an die Lebensumwelt haben. Es gibt schon einen ganz besonderen Charakter, der sich beim Abgeordneten wieder findet - oft auch ein schwieriger Charakter, sehr empfindlich. Damit muss man umzugehen wissen...*", F1, S. 2. Siehe auch F3, S. 5. F2, S. 5.

[251] „*...wer als politischer Kopf kommt, hat Ideen, hat eben dieses Feeling und alles andere [...] Sie müssen also ein Gespür für Themen haben. Auch für Themen, die man noch machen kann.*", F4, S. 8. Siehe auch Laabs (1970), S. 18.

[252] „*Idealerweise müssten sie gut formulieren können. Sie sollten komplizierte Sachverhalte leicht darstellen können. Und der Rest ist – na klar – Sie sollten nicht doof sein, Dinge auch schnell begreifen und umsetzen können. Aber sonst kann man da kein klares Profil beschreiben.*", F4, S. 12. „*...wenn man im richtigen Moment in die Auswahl kommt und gewählt wird, dann ist man dabei.*", F2, S. 5.

setzte über entscheidenden Einfluss auf eine Neueinstellung zum Arbeitsgruppenreferenten verfügen.
Das Arbeitsverhältnis eines Arbeitsgruppenreferenten ist vor allem von der *Fraktion* geprägt. Diese schließt als Arbeitgeber den Vertrag mit dem jeweiligen Mitarbeiter als Arbeitnehmer, der für die Zeit einer Legislaturperiode abgeschlossen wird.[253] Die Bezahlung erfolgt aus Mitteln der Fraktion.
Wie bereits beschrieben wurde, rekrutiert die CDU/CSU-Bundestagsfraktion neue Referenten überwiegend aus den Ministerien.[254] Diese Referenten bieten erstens den Vorteil, dass sie durch ihre Tätigkeit in der jeweiligen Abteilung des Ministeriums bereits sehr gut fachlich in das jeweilige Kernthema der Arbeitsgruppe eingearbeitet sind. Zweitens haben sie durch ihre Tätigkeit in einer obersten Bundesbehörde gute Kontakte zu wichtigen Ansprechpartnern, Informanten und Entscheidern im Regierungsapparat.[255] Schließlich bieten sie durch den Umstand ihrer Verbeamtung die Möglichkeit, jederzeit wieder in das Ministerium zurückkehren zu können, sobald das Arbeitsverhältnis mit der Fraktion beendet wird. Folglich wird eine drohende Arbeitslosigkeit vermieden und der Fraktion wird eine flexiblere Handhabung in der Personalplanung ermöglicht.[256]

Neben der Fraktion hat auch der *Arbeitsgruppensprecher* gewissen Einfluss auf die Wahl des späteren Angestellten. Da die Interessen der Fraktionsführung mit denen des jeweiligen Sprechers nicht immer identisch sind, bestehen teilweise unterschiedliche Vorstellungen hinsichtlich der Personalauswahl.[257] Wie groß der Einfluss der Sprecher allerdings tatsächlich ist, hängt von verschiedenen Faktoren wie den individuellen Bedürfnissen bzw. dem Verhandlungsgeschick des Sprechers, dem Kern-

---

[253] Vgl. F2, S. 6; F2, S. 7.
[254] Siehe Kapitel 3.2.1.1.
[255] *„Politik wird im Ministerium gemacht. Und entweder wird als Opposition dagegen gearbeitet oder die wird hier bestätigt oder weiterentwickelt. Und deshalb ist das Fachwissen wichtig.*“, F4, S. 12. „*...Leute, die aus den Ministerien kommen [haben] natürlich ein Netzwerk*“, F4, S. 12. Siehe auch F2, S. 3.
[256] *„Wenn man mich loswerden will, dann braucht nur der Vertrag auszulaufen und dann kann ich schauen, was ich mache. Aber dann kann die Fraktion sich zurücklehnen und sagen ‚Bitte, aber das war Dein* Vertrag.‘ Und wenn das mit einem aus einem Ministerium ist, der geht dann halt wieder in sein Haus zurück.“, F4, S. 12. Siehe auch F2, S. 3.
[257] *„Politiker wollen sich ihre Leute ja auch immer gern selber aussuchen. Da gibt es dann durchaus auch Reibungspunkte [mit der Fraktion].*“ F3, S. 2. *„Da gibt es in Arbeitsgruppen durchaus Fälle, wo ein neuer Arbeitsgruppenleiter andere personelle Vorstellungen hatte, die aber nicht durchsetzbar waren, da Kollegen aus anderen Arbeitsgruppen aber aus dem [Name der Arbeitsgruppe]-Bereich dann in diese Arbeitsgruppe rein mussten.*“, F4, S. 12f.

thema der Arbeitsgruppe oder der Personalsituation innerhalb der Fraktion ab.[258] Einige AG-Vorsitzende neigen dazu, die Stellen der Arbeitsgruppenreferenten mit eigenen Abgeordnetenmitarbeitern zu besetzen, die bereits an anderer Stelle für sie arbeiten. Dieser Praxis versucht die Fraktionsführung jedoch entgegenzusteuern, um „Gefälligkeitsempfehlungen" oder ein „Wegloben" von Mitarbeitern für Referentenstellen zu vermeiden. Diesbezüglich schildert ein AG-Vorsitzender:

> *„Und wir, die Fraktion, achten auch sehr darauf, dass Abgeordnetenmitarbeiter nicht Fraktionsmitarbeiter werden. [...] Weil man damit schlechte Erfahrungen gemacht hat. Es gibt ein paar, die sehr gut sind. Aber in der Vergangenheit ist es gehäuft dazu gekommen, dass Abgeordnete ihre Mitarbeiter besonders empfohlen haben, weil sie sie in Wirklichkeit loswerden wollten. Und es gibt auch Eifersüchteleien innerhalb der Abgeordnetenmitarbeiter, wenn der eine es in die Fraktion geschafft hat, der andere nicht - warum eigentlich und so weiter. Es ist schlecht für die Stimmung unter den Abgeordneten."*[259]

Die Fraktion bemüht sich derweil, bisherigen Fraktionsreferenten die weitere reelle Chance zu geben, auch auf anderen Stellen innerhalb der Fraktion zu arbeiten, bevor neue Referenten eingestellt werden.[260] Sofern ein Arbeitsgruppensprecher beispielsweise sein Amt erstmals übernimmt und dort auf erfahrene Referenten aus der Arbeitsgruppe trifft, wird in der Regel' erwartet, dass der Abgeordnete diese Referenten übernimmt:

> *„Formal spricht natürlich der Fraktionsvorsitzende mit, aber in der Regel kann sich der Chef seine Mitarbeiter aussuchen. Nur, grundsätzlich hat er da keine Freiräume. In den Arbeitsgruppen ist es ja so, dass wenn ein Wechsel beim Chef kommt, dass dann die Referenten schon da sind. In der Regel sollte er die auch nehmen."*[261]

---

[258] Vgl. F3, S. 2; F4, S. 12f. und F1, S. 11.

[259] Vgl. MdB, S. 5. „*Die Fraktion will einerseits dafür sorgen, dass ihre Leute versorgt werden, dass die auch unterkommen in der Fraktion. Andererseits gibt es natürlich die Sprecher, die Leute haben wollen, die sich in der Materie auskennen.*", F3, S. 2. „*Häufig ist es so, dass dann ein Chef einen Mitarbeiter mitbringt, der auf diesem Gebiet schon gearbeitet hat. Also muss ein Weg gefunden werden, wie man den in die Fraktion reinholen kann – wenn das möglich ist – und einen anderen ausschalten kann. Darum ist natürlich ein Zurückschicken ins Ministerium dann leicht.*", F4, S. 12. Siehe auch F3, S. 1.

[260] „*Man schaut erstmal, dass die Fraktionsangestellten erst einmal versorgt werden und dann kann man sich erst neue Leute holen. So ist so die Linie. Ob die auch durchgehend eingehalten wird – [...] dass weiß ich nicht.*", F3, S. 2. „*Ich weiß aber von einer Kollegin, die war im Stellvertreterbüro im Bereich [Name des Bereiches] tätig und ist jetzt in der Arbeitsgruppe [Name der Arbeitsgruppe].*", F3, S. 2.

[261] Vgl. F4, S. 12.

Wird allerdings eine Referentenstelle neu besetzt oder kommen Sprecher und Fachreferent persönlich nicht miteinander zurecht, hat ersterer je nach vorherrschender Situation selbstverständlich Mitspracherechte.[262]

Viele Referenten schildern, dass eine Stellenneubesetzung über bestehende *Kontakte* geschieht. So werden Mitarbeiter von Ministerien, Verbänden oder anderen politischen Institutionen aus einem der AG verwandten politischen Themenbereich häufig von Dritten für eine Stelle empfohlen bzw. bewerben sich auf den Hinweis eines Dritten hin. Deshalb kann ein besonderes Interesse für die Arbeit der Fraktion und gute Kontakte zu Akteuren der Fraktion von Vorteil für eine Neuanstellung sein.[263] Bereits beschäftigte Fraktionsreferenten einer Arbeitsgruppe haben oft einerseits ein gutes Verhältnis zum Sprecher und andererseits zugleich gute Kontakte zu potentiellen qualifizierten Beschäftigten aus Ministerien oder anderen Institutionen. Aus diesem Grund können auch sie eine Rolle bei der Entscheidungsfindung spielen, indem sie dem Sprecher geeignete Personen vorschlagen.[264] Ferner treffen sich Mitarbeiter in den Ministerien in eigenen Zirkeln und Netzwerken,[265] die jeweils mit einer gemeinsamen politischen Richtung sympathisieren und Kontakte knüpfen, die zu Eintellungen führen können.[266]

---

[262] *„Die Mitarbeiter sind wie ich oft schon da, in der Fraktion. Dann hat [er/sie] auch gar keine große Wahl, ob [er/sie] diese Mitarbeiter überhaupt haben will.“*, F3, S. 8. *„Wenn ein Abgeordneter in diese Funktion gewählt wird, hat er Anspruch auf zwei Fraktionsreferenten, in diesem Falle. Entweder findet er diese vor, oder kann sich jemanden aussuchen. Wenn eine Stelle frei ist, werden ihm Vorschläge gemacht, typischerweise aus den Fachministerien. Es liegt dann am Abgeordneten selber.“*, F2, S. 5. *„... wenn die Chemie nicht stimmt,[...] dann findet man Wege, um sich wieder zu trennen.“* F2, S. 5.

[263] *„Um überhaupt vorgeschlagen zu werden für eine Stelle, muss man eigentlich Kontakte in die Fraktion haben. Man muss wissen, ob und wann eine Stelle frei wird, man muss empfohlen werden oder sich beim richtigen melden. Das kommt eigentlich nur dann zustande, wenn man sich für die Arbeit der Fraktion und der Partei interessiert.“*, F2, S. 12. *„Ansonsten geht das natürlich durch Kontakte. Wenn man Fraktionsvorsitzender ist und man kennt da irgendjemanden und es wird einem jemandem empfohlen, dann kann man schnell auch in die Fraktion kommen. Oder wenn man einen Sprecher kennt, oder so. Das ist ja alles denkbar. Gerade jetzt in dieser Umbruchphase [nach der Wahl] sind ja einige Plätze freigeworden, Kanzleramt, Ministerium, Bundespresseamt und so weiter, wo die Leute teilweise zurückgekehrt sind.“*, F3, S. 1. Siehe auch F1, S. 1.

[264] *„Man kennt ja auch ein paar Spezis aus dem Ministerium, bei denen man weiß, dass sie Interesse hätten, hier zu arbeiten. Das habe ich [dem/der Chef/in] dann auch vorgeschlagen.“*, F1, S. 11.

[265] Diese Netzwerke werden „Betriebskampfgruppen“ genannt. Vgl. A1, S. 4.

[266] *„Aber man muss ja erst einmal angesprochen werden. In den Ministerien gibt es interne Kreise, wo sich Parteimitglieder oder bestimmte Parteien sporadisch treffen und Veranstaltungen abhalten. Man kennt sich untereinander, sympathisiert vielleicht mit einer bestimmten politischen Richtung wie der Union.“*, F2, S. 12.

Nach einem *Vorstellungsgespräch* für die Referentenstelle, etwa beim Arbeitsgruppensprecher, ist in der CDU/CSU-Bundestagsfraktion seit einigen Jahren grundsätzlich für jeden angehenden AG-Referenten ein anspruchsvolles *Auswahlverfahren* der Fraktionsgeschäftsführung sowie der Personalleitung zu bestehen.[267] Besteht ein Bewerber diesen Einstellungstest nicht, kann er den Versuch kein zweites Mal unternehmen.[268] Folglich würden unter Umständen auch Personen, die ein AG-Sprecher favorisiert, nicht eingestellt, während andere möglicherweise weniger favorisierte Bewerber den Test bestehen.[269] Allerdings gelingt es einigen Abgeordneten mitunter, von ihnen favorisierte Mitarbeiter auch ohne Absolvierung dieses Tests einstellen zu lassen.[270] Während künftige Fraktionsreferenten den Zielen der Unionsfraktion nahe stehen müssen, ist eine Mitgliedschaft in der CDU oder CSU oder gar eigenes politisches Engagement keine Voraussetzung für eine Einstellung als Fraktionsreferent.[271]

3.3 Zwischenergebnis

Der Vergleich im Kapitel „Voraussetzungen für den Beruf" offenbart, dass sowohl für Abgeordnetenmitarbeiter als auch für Arbeitsgruppenreferenten einerseits fachliche, andererseits organisatorische Anforderungen notwendig für die Bewältigung der Arbeit sind. Für Referenten hat besonders politisches Fachwissen in einem bestimmten Themenbereich einen hohen Stellenwert, während für Abgeordnetenmitarbeiter besonders allgemeines organisatorisches Geschick, Allgemeinbildung und grundlegende Kenntnis politischer Prozesse von Bedeutung sind. Beide Gruppen von Mitarbeitern sind dabei selbständig und kreativ tätig; so ist neben allgemeinem Büro-

[267] „*Wir hatten drei Vorstellungsgespräche. Zwei Leute haben [ihm/ihr] gut gefallen. Für [eine/n] hat [er/sie] sich auch entschieden. Dann müssen die aber noch durch ein bestimmtes Auswahlverfahren hier in der Fraktion – in der Fraktionsgeschäftsführung und der Personalleitung.*", F1, S. 11.

[268] „*Das ist ein ganz schweres Auswahlverfahren, das angeblich von Psychologen ausgearbeitet sein soll. Man muss mit vier verschiedenen Leuten jeweils eine Stunde sprechen. Das Verfahren ist mal von einem ehemaligen Fraktionsvorsitzenden eingeführt worden, der hier viele Innovationen etablieren wollte.*", F1, S. 11.

[269] „*So kenne ich einige, die sehr gut sind, CDU-nah, die aber an diesem blöden Einstellungsverfahren gescheitert sind.*", F1, S. 11.

[270] „*Ich musste nicht teilnehmen, weil [der/die letzte AG-Vorsitzende/r] mich damals unbedingt haben wollte. Da hat [er/sie] mich so durchgedrückt [...]. Vielleicht hätte ich auch bestanden, aber [er/sie] wollte die Gefahr nicht eingehen.*" F1, S. 11.

Organisationsvermögen auch die Fähigkeit erforderlich, in kurzer Zeit eine Pressemitteilung zu verfassen.
Für eine erfolgreiche Ausübung der Tätigkeit müssen vor allem FM inhaltliches Fachwissen besitzen, um sich in die politischen Kernthemen einzuarbeiten. Dafür erwerben einige wissenschaftliche Mitarbeiter bereits wichtige theoretische Kenntnisse im Rahmen des obligatorischen Hochschulstudiums. Sowohl bei Abgeordnetenmitarbeitern als auch bei Referenten wird jedoch deutlich, dass die Bedeutung des Studiums vielfach zweitrangig ist, da die wichtigsten Fachkenntnisse erst in der beruflichen Praxis erworben werden. In vielen Fällen ist deshalb eher die bereits vorhandene Berufserfahrung des Mitarbeiters als die Wahl des Studienfaches entscheidend für eine Anstellung. Referenten arbeiten sich, teilweise unter Zuhilfenahme wissenschaftlicher Studien, tief in einzelne politische Themenbereiche ein, während auf viele Abgeordnetenmitarbeiter eine Vielzahl von Themen aus unterschiedlichen Bereichen zukommt. Dies erlaubt aus Zeitgründen keine intensive Beschäftigung mit einem einzelnen Thema. Mithin arbeiten Referenten auch generell eher „wissenschaftlich" im klassisch verstandenen Sinne als Abgeordnetenmitarbeiter.
Sowohl für viele Abgeordnetenmitarbeiter als auch für Arbeitsgruppenreferenten hat *Öffentlichkeitsarbeit* eine große Bedeutung für ihre Tätigkeit. Deshalb ist neben Kenntnissen der Vermarktung von Informationen vor allem die Fähigkeit, auch unter Zeitdruck gut formulieren zu können, nennenswert. Schließlich haben manche Referenten, vor allem aber Abgeordnetenmitarbeiter, ein persönlich geprägtes Arbeitsverhältnis zu ihrem Vorgesetzten sowie zahlreichen anderen Personen, sodass *soziale Kompetenzen* wie Anpassungs- und Einordnungsvermögen, Flexibilität und diplomatisches Kommunikationsverhalten ebenfalls erforderlich sind.
Die Voraussetzungen für eine Einstellung folgen für beide Gruppen keinen allgemeingültigen Regeln. Während die persönliche Entscheidung des Parlamentariers bei der Auswahl seiner Büromitarbeiter allein maßgeblich ist, entscheidet bei Neueinstellung eines AG-Referenten neben der Fraktion nur untergeordnet auch der jeweilige Arbeitsgruppenvorsitzende. Einen Einstellungstest wie in der Fraktion gibt es im Übrigen bei der Auswahl von Abgeordnetenmitarbeitern grundsätzlich nicht.
Für viele Parlamentarier ist neben Qualifikationen und Kompetenzen des Mitarbeiters eine *persönliche Beziehung* von besonderer Bedeutung für eine Anstellung. So sind viele Abgeordnetenmitarbeiter im Gebiet des Wahlkreises ihres Abgeordneten

[271] Vgl. F1, S. 12.

aufgewachsen oder haben bei ihm bereits ein Praktikum absolviert. Die meisten Arbeitsgruppenreferenten sind hingegen verbeamtete Mitarbeiter aus Bundesministerien, die für die Dauer ihrer Tätigkeit in der Fraktion freigestellt sind. Für AM und FM gilt, dass sich ein besonderes Interesse für die Arbeit des Abgeordneten bzw. der Fraktion sowie weitergehende Kontakte im politischen Umfeld positiv auf den Einstellungserfolg auswirken können.

Eigenes politisches Engagement der Mitarbeiter oder eine Parteimitgliedschaft wird bei beiden Gruppen allgemein hingegen nicht vorausgesetzt.

4 Berufliche Selbsteinschätzung/ Karrierevorstellungen

Das folgende Kapitel skizziert mit seinen Unterpunkten der Arbeitszufriedenheit, der Vergütung und der beruflichen Perspektiven solche Bereiche, die die berufliche Selbsteinschätzung und die Karrierevorstellungen wissenschaftlicher Mitarbeiter im Deutschen Bundestag beleuchten.

4.1 Abgeordnetenmitarbeiter

4.1.1 Arbeitszufriedenheit

Sowohl das Arbeitsumfeld als auch die Aufgaben werden von den Mitarbeitern generell als angenehm bzw. abwechslungsreich und interessant empfunden. Vor allem die Ausstattung an Arbeitsmitteln führen viele Mitarbeiter als ‚sehr gut' an. Schließlich schätzen sie auch die selbständige Arbeitsweise in ihrem Abgeordnetenbüro.[272] Durch die enge Zusammenarbeit mit dem jeweiligen Abgeordneten ist die Arbeitszufriedenheit allerdings besonders stark von diesem Verhältnis abhängig.[273] Sie kann dann leiden, sobald sich Mitarbeiter durch eine zu hohe Erwartungshaltung oder durch eine sehr kurzfristige bzw. sprunghafte Zunahme des Arbeitsvolumens unter Druck gesetzt fühlen.[274] Manche langjährig beschäftigte Abgeordnetenmitarbeiter bedauern, dass die Arbeitszufriedenheit im Laufe der Jahre insgesamt abgenommen hat. Dies ist für sie vor allem auf eine ‚Entpersonalisierung' der Arbeitsverhältnisse zwischen Abgeordneten und ihren Mitarbeitern zurückzuführen, die sich in einem

---

[272] *„Oft ist es ja sogar schon so, dass man das Essen vergisst [...]. Und das Umfeld ist auch schön."* A3, S. 9; *„Viele, die uns verlassen haben, trauern der Zeit hier schon nach, obwohl sie noch vor einem halben Jahr bloß raus wollten."*, A1, S. 17. *„Die Arbeitsmittel, die man zur Verfügung hat sind optimal für einen Abgeordneten. Die wissenschaftlichen Hilfsdienste oder die Bibliothek oder die Technik, die man im Büro hat. [...] Und da macht die Arbeit auch entsprechend Spaß, wenn man alles zur Verfügung hat."*, A3, S. 9. Siehe auch A2, S. 1.

[273] Vgl. A2, S. 9; A3, S. 9. Siehe auch A3, S. 4f.

[274] Vgl. A3, S. 9 und Kapitel III.2.

auf Sachthemen beschränkten und weniger persönlichen Umgang miteinander äußert.[275]

4.1.2 Vergütung

Die Gehälter der Abgeordnetenmitarbeiter werden aus den Mitteln der Pauschale für Abgeordnetenmitarbeiter in Höhe von derzeit 14.712,- Euro gezahlt.[276] Die Höhe der Vergütung ist allerdings zwischen dem jeweiligen Arbeitgeber und Arbeitnehmer individuell zu verhandeln und variiert deshalb stark.[277] Als Richtgröße hat der Ältestenrat des Deutschen Bundestages eine Übersicht mit einem Spektrum erstellt, in dessen Spannweiten sich der Gehaltsrahmen für die jeweiligen Mitarbeiter bewegen soll.[278] Allerdings sind die Spannweiten in dieser Übersicht sehr groß und überschneiden sich so sehr, dass sie letztlich nur wenig Aussagekraft haben.[279] So kommt es vor, dass eine langjährig beschäftigte Sekretärin in einem Büro weitaus mehr Gehalt bezieht als ein wissenschaftlicher Mitarbeiter.[280]

---

[275] *„Insgesamt würde ich sagen ist [die Arbeitszufriedenheit der Mitarbeiter] gesunken im Laufe der letzten Jahre. [...] Weil die ‚Entpersonalisierung' der Arbeitsverhältnisse, die ihre Mitarbeiter als Möbelstücke und Teile der Amtsausstattung ansehen, [...] zugenommen hat. [...] 1998 und 2002 [...] sind ganz andere Typen hereingekommen in den Bundestag. Da sind junge, hochehrgeizige, seelisch unterentwickelte Zeitgenossen an Bord gekommen – Technokraten. Vorher war es patriarchalisch in vielen Fällen. Früher war es noch so, dass die Abgeordneten sich nach den Kindern erkundigt haben und dass man sie öfter auch mal mit nach Hause eingeladen hat und dass es Weihnachtsessen mit den Abgeordneten gab [...] Das gibt es bei uns maximal in Ansätzen*“, A2, S. 16. Siehe auch A2, S. 8; A2, S. 6.

[276] Vgl. Abb. 2: Anlage zu den Ausführungsbestimmungen, §12, Abs. 3 AbgG, (Anhang).

[277] Vgl. auch A3, S.4. und Sittig (2005), o.S.

[278] Vgl. Abb. 2: Abb. 2: Anlage zu den Ausführungsbestimmungen, §12, Abs. 3 AbgG., (Anhang).

[279] Siehe Abb. 2: Anlage zu den Ausführungsbestimmungen, §12, Abs. 3 AbgG, (Anhang). Vgl. auch A1, S. 14. *„Bei den wissenschaftlichen Mitarbeitern war der Durchschnittsverdienst - [vor einigen Jahren in Bonn] bei ungefähr [...] 2500 bis 3000 Euro. [...] Also ein Mitarbeiter, der länger als eine Wahlperiode da war, der hat schon durchaus 4000-4500 DM also zwei bis dreitausend Euro verdient.*“, A3, S. 5f. *„Mein Eindruck ist, dass nicht wenige Kollegen durchaus im oberen Bereich dieser Spanne sind und teilweise eine vier oder eine fünf vor den drei Nullen haben. Und das ist, wenn man das hochrechnet, ein ordentlicher Verdienst. Die, die unter 3000 verdienen, werden ausgebeutet [...]. Das ist nun wirklich für eine Vollzeitstelle das Mindestentgelt für jemanden, der fünf Jahre Berufserfahrung und eine abgeschlossene akademische Ausbildung hat. Das ist auch angemessen.*“, A1, S. 14.

[280] Vgl. Abb. 2: Anlage zu den Ausführungsbestimmungen, §12, Abs. 3 AbgG, (Anhang).

Einzelne Abgeordnetenmitarbeiter sehen ferner einen Trend dahin, dass Parlamentarier bei gleichzeitiger Reduzierung der Gehälter immer mehr Mitarbeiter gleichzeitig einstellen, als dies noch vor Jahren der Fall war.[281]

4.1.3 Berufliche Perspektiven

Viele wissenschaftliche Mitarbeiter sind junge Berufseinsteiger, Absolventen eines Studiums oder sonstige Arbeitnehmer mit nur wenigen Jahren Berufserfahrung. Nur wenige von ihnen sind älter als 40 Jahre alt.[282] Zugleich schätzen sie die durchschnittliche Beschäftigungsdauer im Deutschen Bundestag auf deutlich weniger als acht Jahre bzw. zwei Legislaturperioden.[283] Die Befragung zeigt, dass es von den meisten nicht als erstrebenswert angesehen wird, für Jahrzehnte im Bundestag als Abgeordnetenmitarbeiter zu arbeiten. Stattdessen wird diese Tätigkeit eher als kurzfristige Option eines ‚Karrieresprungbretts' angesehen.[284] Einige Befragte betonen sogar, dass die Karrierechancen vielmehr sinken können, sobald allzu lang als Abgeordnetenmitarbeiter im Bundestag gearbeitet wurde. So schildert sogar ein Bundestagsabgeordneter:

> *„Ich meine immer, dass im Regelfall nach einer Legislaturperiode Schluss sein sollte. [...] ich glaube, dass die Mitarbeit bei einem Abgeordneten dann ein Vorteil ist, wenn es sich*

---

[281] *„Billig. Die Leute müssen billig sein.", A2, S. 7; „Ich weiß nur, dass das Gehaltsniveau A sehr unterschiedlich ist, B mit der Qualifikation und der verrichteten Arbeit in überhaupt keinem Zusammenhang steht und in der Regel wesentlich niedriger ist als vergleichbare Tätigkeiten sonst im öffentlichen Dienst. [...] ein 40 Stunden plus –Vertrag für 1800 Euro. So etwas gibt es auch.*", A2, S. 7.

[282] *„Wissenschaftliche Mitarbeiter in Abgeordnetenbüros sind - häufig, aber nicht immer – junge Studienabsolventen, die ihren ersten Berufsschritt machen.*", F2, S. 3. Siehe auch F1, S. 5; A3, S. 19 und A2, S. 15.

[283] Nach einer Studie von Heide-Karen Hirsch aus dem Jahre 1981 betrug die durchschnittliche Verweildauer nicht einmal zwei Jahre. Dagegen liegt sie nach Angaben von Bröchler/Elbers und Volker Pilz bei zwei bzw. vier Jahren. Vgl. Hirsch (1981), S. 209; Bröchler/Elbers, (2001), S. 30; Pilz (2004), S. 677. Siehe auch F1, S. 5; *„Das ist natürlich wesentlich mehr geworden. Vier bis fünf Jahre halte ich für den von mir oberflächlich berechneten Durchschnittswert. Wir haben Kollegen, [...] die sind sogar ganz schnell weg. Und wir haben Kollegen, die sind seit 1990 dabei.*", A1, S. 17. Vgl. auch A2, S. 15 und A2, S. 15.

[284] *„[AM bleiben], bis sie etwas besseres finden.*" F1, S. 5. Siehe auch Laabs (1970), S. 17 und A-den (2005), o.S.

um einen begrenzten Zeitraum handelt. Wenn man irgendwann den Eindruck hat, man habe sich da festgesetzt und sich nicht verändern können, dann ist es ein Nachteil.“ [285]

Deshalb schauen sich viele Abgeordnetenmitarbeiter bereits nach wenigen Jahren nach einer neuen Stelle um.[286] Dies liegt bei einigen daran, dass sie vor Beginn des Arbeitsverhältnisses andere Vorstellungen von den Arbeitsaufgaben hatten oder Probleme in der Kommunikationsbeziehung mit dem Vorgesetzen sehen. Andere streben an, sich in weiteren Tätigkeitsfeldern noch weiter zu qualifizieren, als dies die Arbeit im Bundestag erlaubt. Schließlich stellt sich das Arbeitsverhältnis für AM langfristig auch als relativ unsicher dar, da jeder Arbeitsvertrag nur bis zum Ende der aktuellen Legislaturperiode abgeschlossen werden darf. Selbstverständlich hat ein Parlamentarier auch grundsätzlich das Recht, das Arbeitsverhältnis ohne Begründung ordentlich bzw. außerordentlich zu kündigen.[287]

Andere Abgeordnetenmitarbeiter haben nach Aussage der Befragten die Chance, eine attraktive Anschlusstätigkeit in anderen Berufen mit politischem Bezug zu bekommen. Hier werden zum einen Tätigkeiten als Lobbyisten oder Öffentlichkeitsarbeiter bei Verbänden, Public Affairs- bzw. PR-Agenturen oder Wirtschaftsunternehmen genannt.[288] Zum anderen haben Abgeordnetenmitarbeiter die Chance, als Mitarbeiter in der Partei oder in Behörden wie Ministerien arbeiten zu können wie folgende Aussage zeigt:

„Wenn ich an meine ehemaligen Kollegen denke, die uns verlassen haben, [...]: – Die juristisch vorgebildeten Kollegen sind entweder in Anwaltskanzleien gegangen. Oder eben zurückgekehrt. [...] Einige sind bei Verbänden untergekommen. Einige sind bei politikberatenden Institutionen untergekommen. Nicht wenige sind bei einem anderen Abgeordneten untergekommen [...] Ich überlege, ob es Fälle gibt, wo jemand gar nicht oder ganz schlecht

---

285 MdB, S. 4; *„[Viele Mitarbeiter bleiben kürzer als eine Legislaturperiode.] Das ist einerseits gut für die Leute, weil sie wegkommen. Entgegen der landläufigen Meinung sinken die Chancen auf dem Arbeitsmarkt, je länger man hier ist. [...] man wird unvermittelbar. Das ist so.“*, A2, S. 15. Siehe auch Haase-Hindenberg (2005), o.S.

286 Vgl. F2, S. 3 und A3, S. 19.

287 *„Wenn man mit seinem Chef Zoff hat, kann es die Hölle sein. In einem kleinen Büro, wo es auch auf viele persönliche Kontakte ankommt muss man gehen, wenn es schlecht läuft.“*, MdB, S. 4. Vgl. F4, S. 4. *„Man ist insofern wiederum machtlos, als man sofort rausfliegen kann. Frist 6 Wochen zum Quartalsende.“*, A1, S. 20. Siehe auch F2, S. 3; A3, S. 19; A3, S. 5; Pilz (2004), S. 673f.; Neubacher (2003), o.S.; o.A. (2005), o.S. und Neller (2005), o.S.

288 *„Weil sie ja doch häufig auch im Lobbybereich unterkommen, bei irgendwelchen Firmen.“*, A3, S. 19;
„[Abgeordnetenmitarbeiter gehen dann] zu irgendeinem Verband, einem Unternehmen bzw. werden Lobbyist oder ähnliches. Oder sie werden vom Abgeordneten irgendwo untergebracht oder gehen irgendwo in den Wahlkreis.“, F1, S. 5.

weitergekommen ist. Da fällt mir jetzt eigentlich nichts ein. Manche haben sich selbständig gemacht [...]. Manche haben das Glück gehabt, dass ihr Abgeordneter befördert wurde und sie gleich mitbefördert wurden, teilweise auf eine A13-Stelle [...]. Ich muss auch ganz ehrlich sagen, dass man manche auch schlicht aus den Augen verloren hat."[289]

Die Aussicht auf eine Anschlussposition dieser Art ist jedoch von Fall zu Fall unterschiedlich.[290] Die Möglichkeiten können von verschiedenen Faktoren wie den erworbenen Qualifikationen und Kontakten abhängen. Auf der anderen Seite sind sie mitunter von den politischen Schwerpunkten, der Reputation oder der Macht des Abgeordneten abhängig.[291] Einige Abgeordnete unterstützen ihre AM aktiv bei der Suche nach einer Anschlusstätigkeit und üben aktiv Einfluss auch mittels eigenen Kontakten aus. So gelingt es Abgeordneten, die beispielsweise beruflich zu Parlamentarischen Staatssekretären in Ministerien aufsteigen, ihre bisherigen Abgeordnetenmitarbeiter im Bundestag nunmehr im jeweiligen Bundesministerium einzusetzen. Andere vermitteln ihre Mitarbeiter an Verbände, mit denen sie thematisch zusammenarbeiten oder arbeiteten.[292]

Ein Befragter merkt diesbezüglich kritisch an, dass viele Akteure aus der Privatwirtschaft die Arbeitsinhalte und die Arbeitsweise von Abgeordnetenmitarbeitern nur schwer einzuschätzen wissen, was wiederum die Karriereaussichten von Abgeordnetenmitarbeitern aus seiner Sicht ebenfalls erheblich mindere.[293] Bei entsprechender

---

[289] Vgl. A1, S. 14f. Siehe auch Visser (2005), o.S.

[290] „*Ich denke schon, dass den Mitarbeitern klar ist, dass sie eigentlich eine große Chance haben als Abgeordnetenmitarbeiter.*", A3, S. 19; „*... das Mitarbeiter dann immer auf ganz tolle Posten steigen. Das ist meiner Erfahrung nach eher die Ausnahme. Also dass die Verbände jetzt auf Mitarbeiter im Bundestag warten, oder nachdem man dann mal hier war dann ‚Großlobbyist' wird, zum Beispiel.*", A2, S. 15.

[291] „*Wenn es heißt, „Der hat für den Merz gearbeitet", dann wird damit assoziiert: „Der muss etwas können.", weil er eine Kapazität ist. Das färbt dann ab und ist natürlich hilfreich.*", A3, S. 19; „*Geschäftsführer [eines Verbandes als Anschlusstätigkeit] habe ich bislang nicht erlebt. Aber Referent: Da wird geschaut, für was man tätig gewesen ist. Man ist dann ja auch öfter auf einem Parlamentarischen Abend, fachgebunden. Und da kenne ich schnelle Entscheidungen, wo dann gesagt wurde: „Hören Sie mal zu, geben Sie mal die Karte ab, wir schauen mal, ob wir Sie hier einbauen können, denn Sie sind genau in dem fachlichen Bereich tätig, der uns interessiert.*", A1, S. 15. „*Oder der ausscheidende Abgeordnete bemüht sich darum, dass der Wahlkreisnachfolger ihn oder sie übernimmt.*", A1, S. 15.

[292] Vgl. A3, S. 19. und F1, S. 5. Vgl. A1, S. 14.f. und A3, S. 19. "*Faire Abgeordnete, die beispielsweise ausscheiden und ihre Mitarbeiter doch geschätzt haben, setzen sich doch dafür ein, dass bei den Unternehmen oder den Verbänden, bei denen sie ohnehin einen Fuß in der Tür haben, die Mitarbeiter eine Chance bekommen. [...] Es gibt aber auch Abgeordnete, die sich überhaupt nicht darum kümmern.*" A1, S. 15. Vgl. auch Dorenburg (2003), S. 16.

[293] „*Ich weiß nur, dass man zumindest in den 90ern gerade seitens der Wirtschaft oft mit Unkenntnis konfrontiert wurde, was wir hier überhaupt machen. [...] Ich bin der Meinung, dass derjenige,*

Kenntnis durch Aufklärung würden sich die beruflichen Perspektiven von aus dem Bundestag ausscheidenden Mitarbeitern folglich verbessern.

4.2 AG-Referenten

4.2.1 Arbeitszufriedenheit

Für viele AG-Referenten ist die Tätigkeit in der Fraktion verantwortungsvoll, spannend und aktuell.[294] Verglichen mit der Arbeit in Ministerien, so empfinden es dort ehemals tätige FM, sei die Arbeit in der Fraktion einerseits selbständiger, andererseits aber auch arbeitsintensiver.[295]

So ist die Arbeits- und Zeitbelastung in bestimmten Arbeitsgruppen, die mit besonders viel Gesetzgebungsarbeit betraut sind, zum Teil sehr hoch. Die meisten Arbeitsgruppen der CDU/CSU-Fraktion im Deutschen Bundestag sind mit zwei Referenten besetzt, die damit einen abgegrenzten, aber umfangreichen Aufgabenbereich erhalten, für den sie fachlich zuständig sind.[296]

Schließlich wird deutlich, dass die Arbeitszufriedenheit stark vom sozialen Umfeld der Mitarbeiter abhängig ist.[297]

---

der hier überlebt, oft jedes Büro eines Vorstandsvorsitzenden problemlos führen kann, ohne Witz. Denn da hat man es nur mit der Firma zu tun und nicht mit der ganzen Republik.", A2, S. 15.

294 Vgl. F4, S. 5f.; F1, S. 10.

295 „*Man hat auch mehr Macht als in einem großen Ministerium, wo man doch nur ein Rädchen im Getriebe ist. Die Arbeit hier ist interessanter, zwar auch arbeitsintensiver und zeitaufwändiger.*", F1, S. 10; „*Wir haben zwar sehr viel Arbeit und Verantwortung, aber auch sehr viel Freiheit [...] – die Zufriedenheit ist vergleichsweise groß.*", F2, S. 11.

296 So kommt es vor, dass zwei Referenten den politischen Themenbereich eines Bundesministeriums abdecken müssen. „*Nicht dass ich jetzt als Jammerlappen gelte, aber: Die Fraktion ist nicht wirklich personell gut ausgestattet; das könnte besser sein und die Schlagzahl in diesen Arbeitsgruppen, wo eben viel Gesetzgebung läuft, ist ziemlich hoch.*" F3, S. 7.

297 Siehe auch Kapitel III.2.2.2.1.3.

4.2.2 Vergütung

Die Vergütung der AG-Referenten erfolgt aus den Mitteln der Fraktion und fällt grundsätzlich unterschiedlich hoch aus. Sofern FM vor dem Antritt des Arbeitsverhältnisses als Beamte in einem Ministerium gearbeitet haben, zahlt die CDU/CSU-Bundestagsfraktion ihnen jedoch in der Regel eine Gehaltsstufe, die über ihrem bisherigen Verdienst liegt.

> *„Die Besoldung richtet sich nach der Besoldung, die wir in unseren Heimathäusern haben. [...] Das wird dann in unserer Fraktion bis zu einem bestimmten Level um eine Stufe aufgestockt. B3 wird aber für den normalen Fraktionsreferenten nicht überschritten. Das heißt, dass wir hier Fraktionsreferenten haben, die hier A14 bekommen, weil sie im Heimathaus A13 bekamen. Es gibt viele, die bekommen A15 oder auch A16 und es gibt auch eine ganze Reihe, die B3 bekommen. Das gilt für die Beamten.“* [298]

Einige Befragte begründen dies mit dem erhöhten Arbeitseinsatz, den sie in der Fraktion zu leisten haben.[299] Die Angestellten, die nicht bereits verbeamtet sind, erhalten dagegen ein Gehalt, das sich am Tarifvertrag für den öffentlichen Dienst (TVöD) orientiert.[300] Dies führt dazu, dass verbeamtete FM im Regelfall ein deutlich höheres Gehalt beziehen als die Nichtverbeamteten. Dennoch sind insgesamt alle hier befragten Referenten mit ihrem Gehalt zufrieden.[301]

4.2.3 Berufliche Perspektiven

AG-Referenten haben vor ihrer Einstellung bei der Fraktion häufig bereits einige Jahre fachlich spezialisiert als Angestellte oder Beamte in einer oder mehreren beruflichen Positionen gearbeitet, die dem Fachthema der Arbeitsgruppe entsprechen.[302] Arbeitsverträge von AG-Referenten werden grundsätzlich für eine Zeit von vier Jahren bzw. eine Legislaturperiode abgeschlossen.[303] Danach müssen sie gegebenenfalls

---

[298] Vgl. F2, S. 11.

[299] Vgl. F4, S. 11; A3, S.4. und F1, S. 5.

[300] Vgl. A3, S. 4.

[301] *„Aber man wird dafür ja auch ganz gut bezahlt.“*, F3, S. 5.

[302] *„Ich selbst war bereits in 6 oder 7 Einheiten in den 13 Jahren tätig und [mein/e Kollege/in][...] war jetzt vier oder fünf Jahre hier.“*, F2, S. 3. Vgl. auch F4, S. 10; F1, S. 5. Vgl. Kapitel III.3.2.2.

verlängert werden. Allerdings ist die Fraktionsführung generell bemüht, bestehende Arbeitsverhältnisse zu wahren, bevor neue Arbeitnehmer eingestellt werden. Für FM ist die Tätigkeit in der Fraktion recht sicher, da sie nicht wie die AM allein von einem Abgeordneten abhängig sind:

> *„[Der/die Chef/in] könnte zum Fraktionsvorsitzenden gehen und sagen, dass die Zusammenarbeit mit mir nicht klappt. Dann wird der Kauder im Zweifel aber sagen, dass [er/sie] es doch noch mal versuchen soll. So einfach ist es nicht – [er/sie] kann uns nicht so einfach loswerden.“*[304]

Die verbeamteten Referenten müssen nach dem Ausscheiden aus dem Arbeitsverhältnis wieder von ihren so genannten ‚Heimatbehörden' beschäftigt werden. Gleichwohl halten die Befragten eine Dauer der Arbeitsverhältnisse von maximal zwei Legislaturperioden für den Durchschnitt.[305]
Nur wenige Arbeitsverhältnisse werden aufgrund aufgetretener Probleme oder Konflikte zwischen dem Referenten und dem AG-Sprecher beendet.[306] Dennoch zeigt sich, dass viele Referenten ihre Tätigkeit nur als eine (befristete) Station ihres beruflichen Lebens sehen, die nicht mehr als ein paar Jahre in Anspruch nimmt.
Die Karrierechancen und -verläufe stellen sich in diesem Tätigkeitsbereich jedoch auffallend unterschiedlich dar: Sowohl verbeamtete als auch nicht-verbeamtete Referenten genießen (theoretisch) gute Aussichten, attraktive Angebote für Anschlusstätigkeiten zu erhalten oder sich erfolgreich initiativ zu bewerben.[307] Während nicht-verbeamtete Referenten oft eine Anschlusstätigkeit bei Verbänden finden, streben

---

[303] Vgl. F4, S. 4. *„Wenn man mich loswerden will, dann braucht nur der Vertrag auszulaufen und dann kann ich schauen, was ich mache.[...] Und wenn das mit einem aus einem Ministerium ist, der geht dann halt wieder in sein Haus zurück.“*, F4, S. 12. Vgl. Dach (1999), S. 627ff.
[304] F3, S. 8.
[305] *„Insofern greifen Fraktionen sehr gern auf Mitarbeiter zurück, die aus den Ministerien kommen und insofern sind diese Mitarbeiter in den Fraktionen häufig arbeitsrechtlich anders abgesichert.“*, F2, S. 3; siehe auch A1, S. 5 oder A3, S. 5; F4, S. 4. *„Wir haben hier etwa drei Viertel der Mitarbeiter aus den Ministerien ausgeliehen. Und damit ist klar, dass die nur eine begrenzte Zeit hier sind. Drei bis vier Jahre etwa bei denen aus dem Auswärtigen Amt – das ist so der Turnus, drei bis vier Jahre“*, F4, S. 10; *„Es gibt Leute, die hier 20, 25 Jahre tätig sind. Aber im Regelfall bleiben Mitarbeiter nicht mehr als etwa 2 Legislaturperioden.“*, F2, S. 11.
[306] *„...wenn der Abgeordnete mit dem Arbeitsstil nicht einverstanden ist, dann findet man Wege, um sich wieder zu trennen. [...] Die Wege sind dann meistens so, dass man sich da einig wird, dass man vielleicht vereinbart mit dieser Person, das sie wieder zurückgeht in das Ministerium oder eventuell auf eine andere offene Stelle in der Fraktion“*, F2, S. 6.f.
[307] *„Ich hatte Angebote von der Adenauer-Stiftung nach London oder später nach Moskau. London habe ich abgelehnt, weil es uninteressant war und Moskau habe ich abgelehnt, weil ich kein russisch kann. [...] Und ich habe dreimal Angebote für Ministerien erhalten. [...]– was schon viel ist...“*, F4, S. 11. Siehe auch F4, S. 10.f.; F3, S. 2.

die meisten verbeamteten unter ihnen einen Wechsel zurück in ein Ministerium an, wo für sie nach einer gewissen Anzahl von Jahren oft die Möglichkeit einer ‚Höhergruppierung' als Beamter besteht.[308] Um als Beamter eine solche attraktive Anschluss- bzw. Schlüsselposition in einem Ministerium zu erhalten, ist es nach Angabe der Befragten sinnvoll, gezielt Kenntnis über neu zu besetzende Stellen zu erlangen. Daneben wird auch verstärkt empfohlen, sich von Dritten konkret für eine jeweilige Stelle empfehlen zu lassen.[309] Die Frage, welche Tätigkeiten für sie dort zur Verfügung stehen, lässt sich auch danach beantworten, ob die Partei der eigenen Fraktion an der Regierung beteiligt ist oder nicht. So wird die Chance, attraktive Stellen zu erhalten bei einer Regierungsbeteiligung als weitaus höher eingestuft.[310] Seltener wechseln verbeamtete Referenten dagegen zu Tätigkeiten in der freien Wirtschaft.

Es besteht wie im Abgeordnetenverhältnis jedoch die Möglichkeit, dass ein AG-Sprecher seinen Referenten bei der Suche nach einer Anschlusstätigkeit aktiv durch seinen Einfluss oder seine Kontakte unterstützt. Es kann auch vorkommen, dass dieser seinen bisherigen Referenten in der Folge eines eigenen beruflichen Aufstiegs ebenfalls zu neuen Positionen verhilft und somit das Mitarbeiterverhältnis fortführt.[311]

Schließlich gibt es Referenten, die ihre Arbeitsbedingungen für so attraktiv halten, dass sie nur bedingtes Interesse haben, einer Tätigkeit außerhalb der Fraktion nachzugehen. Diese Mitarbeiter schätzen neben dem Fachthema der Arbeitsgruppe vor allem die ‚flache Hierarchie' des Arbeitsverhältnisses, die sie bei einer Rückkehr in ein Ministerium nicht mehr so vorfinden würden. Deshalb lehnen manche FM auch

---

308 *„Und dann muss er zusehen, wenn er rausgeht, dass er dann die Höhergruppierung behält. Also das ist nicht automatisch, sondern er wird, wenn er nicht in der Zwischenzeit höher eingestuft wird – wieder zurückgruppiert im Ministerium. Deswegen bemühen die sich immer sehr in den drei bis vier Jahren, in denen sie hier sind, eine Höhergruppierung zu bekommen. Das klappt auch in der Regel.*", F4, S. 11; *„Die meisten – also Leute aus dem Regierungssektor – gehen wieder zurück in die Ministerien*", F1, S. 10. Siehe auch F2, S. 7 und F3, S. 1.

309 *„... es schadet nichts, wenn Sie sich ab und zu auch mal selber ins Spiel bringen. [...] Sie müssen im Grunde genommen schon einen ordentlichen Ruf haben und Sie müssen wissen, wo es bald mal vielleicht etwas zu besetzen gibt. Dann ist vielleicht der geschickteste Weg, dass Sie jemand anders ansprechen, der wiederum einen ins Spiel bringen kann. Aber am Ende zählen nicht die Kontakte, sondern die Qualität des Einzelnen.*", F4, S. 11.

310 *„Da ist es eher die Frage, wer gerade an der Regierung ist. [...] [Viele Kollegen haben] jetzt wieder Positionen bekommen [...], die interessant sind. In der Oppositionszeit hätten die zwar auch da sein können, weil sie ja Angehörige des Ministeriums sind, aber sie hätten dann Positionen bekommen, die nicht so interessant sind oder wo man schlecht behandelt wird.*", F4, S. 10.

nach langjähriger Tätigkeit in der Fraktion Angebote für Tätigkeiten in Ministerien ab, wie folgende Einschätzung zeigt:

> *„Sie müssen eines sehen: Wenn Sie Referatsleiter sind, haben Sie einen Unterabteilungsleiter, einen Abteilungsleiter, einen Staatssekretär und einen Minister über sich. – witzlos. Hier habe ich einen über mir. Oder zwei. Das heißt, wenn Sie Ideen haben, dann finden Sie die sehr schnell unter anderem Namen wieder. Insofern war das unattraktiv.“*[312]

4.3 Zwischenergebnis

Beim Vergleich der Kapitel III.4.1.1 und III.4.2.1 zeigt sich, dass die Arbeitszufriedenheit der wissenschaftlichen Mitarbeiter allgemein sehr hoch ist. Beide Gruppen weisen aber darauf hin, dass sie in hohem Maße von der eigenen Beziehung zum Vorgesetzten abhängt. Sowohl Abgeordnetenmitarbeiter als auch Fraktionsmitarbeiter schätzen die vergleichsweise sehr selbständige Arbeitsweise. Besonders Referenten, die zuvor in einem Ministerium gearbeitet haben, loben die ‚flachen Hierarchien‘ in der Fraktion. AM unterstreichen hingegen die gute Ausstattung an Arbeitsmitteln. Dagegen beklagen sie, dass die Beziehung zwischen Abgeordneten und ihren Mitarbeitern sich heute häufig spürbar unpersönlicher gestaltet, als dies noch vor einigen Jahren der Fall war.

Bezüglich der Vergütung zeigen sich deutliche Unterschiede. Die Fraktion zahlt ihren verbeamteten Referenten grundsätzlich ein Gehalt, das eine Stufe über dem Verdienst des letzten Arbeitsverhältnisses des Referenten angesetzt wird, während die nicht verbeamteten Referenten ein festes Gehalt nach TVöD beziehen. Abgeordnete zahlen ihren Mitarbeitern ein frei verhandelbares Gehalt, dessen Höhe sich lediglich an sehr groben Richtgrößen des Ältestenrates des Bundestages orientiert. Es zeigt sich hierbei auch der große Spielraum, den Abgeordnete für das Engagement ihrer Mitarbeiter genießen. Generelle Bezugsgrößen existieren nicht, sodass mitunter beachtliche Unterschiede, aber auch Spannweiten möglich werden.

Beiden Gruppen ist gemeinsam, dass ihre Arbeitsverträge zunächst maximal für die Dauer einer Legislaturperiode geschlossen werden und die Arbeitsverhältnisse gene-

---

[311] *„Es gibt Fälle, wo man als Mitarbeiter eines Bundesministeriums über die Bundestagsfraktion zum Job eines Persönlichen Referenten eines Landesministers kommt.“*, F1, S. 10.

[312] Vgl. F4, S. 11, siehe auch F4, S. 9.

rell auch meist nur wenige Jahre andauern. Deshalb sehen Angehörige beider Gruppen ihre Tätigkeit im Bundestag von vornherein nicht als erstrebenswerte langfristige Beschäftigung, sondern vor allem als eine berufliche Station bzw. potentielles ‚Karrieresprungbrett'. Sowohl Abgeordnetenmitarbeiter als auch Arbeitsgruppenreferenten haben grundsätzlich recht gute Chancen auf attraktive Anschlusstätigkeiten in Wirtschaft und Verwaltung. Dabei hängen die tatsächlichen Karrierechancen von unterschiedlichen schwer einzuordnenden Faktoren ab. Anders als Abgeordnetenmitarbeiter und nicht verbeamtete Referenten haben verbeamtete Referenten dabei fortwährend die Sicherheit, im Anschluss an das Arbeitsverhältnis für die Fraktion wieder im Öffentlichen Dienst ihrer ‚Heimatbehörde' beschäftigt zu werden.

IV. Schlussbemerkung

Ziel dieser Studie ist es, sich der Arbeit wissenschaftlicher Mitarbeiter in Abgeordneten- sowie in Fraktionsbüros der CDU/CSU-Fraktion des Deutschen Bundestages anzunähern und im Rahmen einer vergleichenden Untersuchung erkennbare Ähnlichkeiten und Differenzen aufzuzeigen. Es wurde folgende Fragestellung konkretisiert: „Worin liegen Gemeinsamkeiten und Unterschiede der Arbeit wissenschaftlicher Mitarbeiter in Abgeordnetenbüros sowie in Büros der fachlichen Arbeitsgruppen (AGs) innerhalb der CDU/CSU-Fraktion des Deutschen Bundestages?“

Um diese Frage beantworten zu können, wurde nach der Vorstellung der zu erarbeitenden Profile (Kapitel I) in einem einleitenden Teil zunächst die grundsätzliche Arbeit und Funktion von Abgeordneten bzw. Arbeitsgruppen der Fraktionen dargelegt (Kapitel II). Der anschließende praktische Teil (Kapitel III) hat jeweils die tatsächliche und praktische Arbeit wissenschaftlicher Mitarbeiter in Abgeordnetenbüros bzw. Arbeitsgruppenbüros erarbeitet und diese im jeweils anschließenden Zwischenergebnis vergleichend auf Gemeinsamkeiten und Unterschiede analysiert. Neben vielen nennenswerten Gemeinsamkeiten wurden auch deutliche Differenzen in den Berufsfeldern wissenschaftlicher Mitarbeiter innerhalb der Bereiche „Aufgaben/Arbeitsalltag/Tätigkeiten“, „Informations- und Kommunikationsverhalten“, „Voraussetzungen für den Beruf“ sowie „Berufliche Selbsteinschätzung/Karrierevorstellungen“ herausgearbeitet. Dabei überraschten etwa die Ergebnisse zur Bewältigung der Arbeitsinhalte, zum Umgang mit Bürgern, Medien und Lobbyisten oder die herausragende Bedeutung der ‚Politischen Öffentlichkeitsarbeit’ für die Arbeit sowohl von AM als auch FM.[313] Ferner wurden als Kern-Aufgaben bzw. Tätigkeiten beider Gruppen wissenschaftlicher Mitarbeiter die Bereiche „Politische Öffentlichkeitsarbeit“, „Vorbereitung der Parlamentarischen Arbeit“ und „Beratung“ identifiziert.
Schließlich wurden in Kapitel I.2. dieser Studie vier Hypothesen aufgestellt, deren Verifizierung im Folgenden vorgenommen werden soll.

[313] Vgl. Kapitel III.1.3.

[1] Inhaltliche/organisatorische Arbeit versus inhaltliche Arbeit

Zunächst wurde die Hypothese aufgestellt, dass die Arbeit von AM eher ein *breites inhaltliches und organisatorisches Aufgabenspektrum* beinhaltet und konsequent auf einen Parlamentarier fixiert bleibt, während die Arbeit von FM grundsätzlich auf *enge fachliche Themenkomplexe begrenzt und stärker inhaltlich* geprägt ist. Die Analyse zeigt, dass das Arbeitsverhältnis und der Aufgabenbereich der Abgeordnetenmitarbeiter von Büro zu Büro stark variieren und von den individuellen Vorgaben des Vorgesetzten abhängig sind, während der Aufgabenbereich von AG-Referenten sich punktuell auf das jeweilige politische Kernthema der Arbeitsgruppe konzentriert. Im Gegensatz zu vielen Abgeordnetenmitarbeitern können sich AG-Referenten inhaltlich tief in ein spezifisches Fachgebiet einarbeiten.
Dieses Resultat zeigt sich auch bei der Untersuchung der jeweiligen Aufgaben in Kapitel III.1: Im Bereich „Politische Öffentlichkeitsarbeit für den Vorgesetzten" manifestiert sich die inhaltliche Bandbreite der zu beantwortenden Schreiben, der Pressemitteilungen, Reden, Vorträge, Gruß- und Vorworte und letztlich auch der alltäglichen Telefonate. In Arbeitsgruppenbüros dagegen bearbeiten Referenten fast ausschließlich fachliche Anliegen. Zugleich stehen sie allen Abgeordnetenmitarbeitern für sonstige anfallende fachliche Detailfragen (beispielsweise auch Musterbriefen) zur Thematik zur Verfügung. So ist die Arbeit der Abgeordnetenmitarbeiter vor allem breit gestreut und organisatorisch geprägt, während AG-Referenten streng thematisch ihre Arbeit verrichten. Folglich führen die Untersuchungsergebnisse für die erste Hypothese eindeutig zur Verifizierung derselben.

[2] Hintergrund und Umfeld: der Wahlkreis und die Fraktion

Als zweite Hypothese dieser Arbeit wurde formuliert, dass der *Wahlkreis* eines Abgeordneten nicht nur für den Parlamentarier selbst, sondern auch für die Arbeit seiner Abgeordnetenmitarbeiter von besonderem Stellenwert ist; dagegen spielt er für AG-Mitarbeiter so gut wie keine Rolle. Auf der anderen Seite wurde aufgezeigt, dass die *Abgeordneten einer Fraktion und ihre Büros* für FM eine hohe Relevanz haben; andere Abgeordnete einer Fraktion spielen dagegen für AM grundsätzlich keine Rolle.

Diese Hypothese wird innerhalb der Kommunikationsbeziehungen in Kapitel III.2 bestätigt.[314] So hat die tagtäglich zu bewältigende Arbeit in einem Abgeordnetenbüro grundsätzlich immer einen engen Bezug zum *Wahlkreis* des Parlamentariers. Dieser Aspekt entfällt innerhalb einer Arbeitsgruppe völlig. Regionale Medien wie die Lokalpresse haben nur für AM einen herausragenden Stellenwert bei ihrer Informationsgewinnung. Schließlich wird in Kapitel III.3 aufgezeigt, dass ein großer Anteil an Abgeordnetenmitarbeitern auch aus dem Wahlkreis ihres Abgeordneten stammt, was wiederum einen persönlichen Bezug zum Parlamentarier ermöglicht.
Kapitel III.1 verdeutlicht, dass jeder *Abgeordnete der Fraktion sowie ihre Büros* wichtig für die Arbeit der Arbeitsgruppenreferenten sind. Neben ihrem Vorgesetzten stehen sie funktional als Angestellte der Fraktion allen Unionsabgeordneten und deren Mitarbeitern als Ansprechpartner zur Verfügung (vgl. Kapitel III.2). So ist intensive Kommunikation zwischen Arbeitsgruppenreferenten und den einzelnen Abgeordnetenbüros notwendig. Mithin kann auch diese Hypothese bestätigt werden.

[3] Einfluss und Bedeutung für Lobbyisten

Die dritte Hypothese sagt aus, dass sowohl AM als auch FM wichtige Rezeptoren für Lobbyingmaßnahmen von Interessenvertretern sind. Kapitel III.2 legt dar, dass beide Gruppen wissenschaftlicher Mitarbeiter, wenn auch in unterschiedlichem Ausmaß, Kommunikationsbeziehungen zu Interessenvertretern unterhalten. Obwohl die Mitarbeiter im klassisch verstandenen Sinne wenig direkte „Macht“ oder „Einfluss“ ausüben, ist doch nicht zu unterschätzen, dass beide Gruppen den Interessenvertretern bei der Durchsetzung ihrer Interessen nützlich sein können. AM sind dabei häufig direkte Ansprechpartner, da diese als *Gatekeeper* von eingehenden Informationen und mittels ihrer ‚Geschäftsführertätigkeit‘ im Abgeordnetenbüro eine Funktion innehaben, die Lobbyisten bei der Kontaktaufnahme mit dem Abgeordneten und der Durchsetzung ihrer Interessen äußerst hilfreich, aber auch genauso beschwerlich sein kann.
AG-Referenten können selbst je nach Arbeitsgruppe besonders durch ihr Fachwissen bis zu einem bestimmten Grad Einfluss in Form von Beratungsleistungen, Agenda-Setting oder Entscheidungsempfehlungen auf ihren Vorgesetzten und somit politi-

[314] Vgl. auch Abbildungen 4 und 5, S. 35 bzw. 44.

sche Entscheidungen ausüben. Insgesamt wird auch diese Hypothese durch die Analyse verifiziert.

[4] Arbeitsverhältnis als Karrieresprungbrett ?

Schließlich wurde als letzte Hypothese aufgestellt, dass das Arbeitsverhältnis sowohl für Abgeordnetenmitarbeiter als auch für Arbeitsgruppenmitarbeiter ein von vornherein kurzfristig angelegtes ‚Zeitarbeitsverhältnis' ist, d.h. vor allem als Karrieresprungbrett gesehen wird. Kapitel III.4 zeigt dies, indem dargelegt wird, dass viele AM junge Berufseinsteiger sind und Referenten zumeist beachtliche berufliche Erfahrungen in ihrem Fachgebiet sammeln konnten. Die Arbeitsverträge sowohl von AM als auch FM mit dem Abgeordneten bzw. der Fraktion dürfen nur für die Dauer einer Legislaturperiode geschlossen werden und sind auch aufgrund dieser selbstverständlichen Befristung insgesamt von kurzweiliger Dauer. Mit diesem Bewusstsein eröffnen sich beiden Gruppen wissenschaftlicher Mitarbeiter zumeist gute Chancen auf attraktive Anschlusstätigkeiten in Wirtschaft oder Verwaltung. Allerdings sind die tatsächlichen Möglichkeiten von weiteren Faktoren abhängig, sodass kein „Karriereautomatismus" besteht. Auch ist zu berücksichtigen, dass ein Großteil der AG-Referenten der CDU/CSU-Bundestagsfraktion im Anschluss an ihre Tätigkeit im Deutschen Bundestag in ihre bisherigen Positionen, so beispielsweise Bundes- oder Landesministerien, zurückkehrt. Von diesen Gruppen wird der freie Arbeitsmarkt mithin zumeist nicht erprobt. Damit konnte auch diese Hypothese verifiziert werden.

Als Fazit wird festgestellt, dass die vier zu Beginn dieser Untersuchung aufgestellten Hypothesen durch vorliegende Analyse untermauert worden sind.

V Ausblick

Ausgehend von der quantitativen Untersuchung Bröchlers und Elbers, die die Tätigkeit wissenschaftlicher Abgeordnetenmitarbeiter untersucht haben, wurden mit der vorliegenden qualitativen Studie neue Erkenntnisse sowohl bezüglich der Arbeit von Abgeordnetenmitarbeitern als auch von AG-Referenten erzielt.[315] Die Ergebnisse leisten einen Anteil dazu, dem grundsätzlichen Forschungsdefizit auf dem Feld der wissenschaftlichen Mitarbeiter entgegenzuwirken. Durch die qualitative Methode wurde zudem ein stärkerer Fokus auf die die eigene Wahrnehmung und eigene Rolle beider Gruppen wissenschaftlicher Mitarbeiter gelenkt, um schließlich die Dimension des Forschungsgegenstandes für beide Gruppen einordnen zu können. Der Vergleich beider Gruppen wissenschaftlicher Mitarbeiter trägt zudem zu einem besseren Verständnis dazu bei, wie sich Abgeordnete deren Hilfe auf diversen Ebenen bedienen und welche Eigenarten die beiden Tätigkeitsbereiche auszeichnet.

Allerdings ergeben sich aus politikwissenschaftlicher Sicht zahlreiche neue Fragestellungen, um Erklärungsmuster für die Arbeit wissenschaftlicher Mitarbeiter im Bundestag zu erhalten. Diese Untersuchung bietet Anlass, den gewonnen Ergebnissen in einem nächsten Schritt durch eine Einbeziehung weiterer Mitarbeiter als Interviewpartner eine größere Repräsentativität zu verleihen. Aus Gründen des begrenzten Umfanges der vorliegenden Studie konnten Bereiche wie die Frage nach der Einschätzung des jeweiligen Status von AM bzw. FM leider nicht behandelt werden. Durch eine Befragung weiterer Bundestagsabgeordneter könnte weiterhin eine zusätzliche Perspektive mit dem Ziel geschaffen werden, die Ausführungen der befragten Mitarbeiter aussagekräftig zu untermauern. Ferner bieten die vielfältigen Kommunikationsbeziehungen sowohl der AM als auch der FM Anlass für eine Ausweitung der Befragung auf andere Akteure wie beispielsweise Lobbyisten als Interviewpartner. Wurden die Mitarbeiter der Fraktion hier in Bezug auf die Arbeitsgruppenreferenten untersucht, böte eine Einbeziehung auch der übrigen Fraktionsmitarbeiter Gegenstand weiterer aufschlussreicher Studien.

Abgesehen besteht noch immer Forschungsbedarf bezüglich umfassender quantitativer Untersuchungen über die Arbeit von Fraktionsmitarbeitern oder eine umfassende

[315] Vgl. Kapitel IV.

Beleuchtungen der Arbeit von Mitarbeitern der Verwaltung des Deutschen Bundestages.
Wie die vorliegende Untersuchung gezeigt hat, müsste aus Sicht der Befragten die Arbeit einiger Lobbyisten erheblich verbessert werden. Da bislang keine ‚einheitliche Ausbildung' für die Tätigkeit eines Lobbyisten existiert, Interessenvertreter in der vorliegenden Analyse aber grundsätzlich als hilfreich für die eigene Arbeit angesehen werden, sollten sich Wirtschaft, Politik und Hochschulen im Bereich der ‚Aus- und Weiterbildung' von Lobbyisten vermehrt engagieren.
Die vorliegende Studie hat die hervorgehobene Bedeutung von Abgeordnetenmitarbeitern und Fraktionsmitarbeitern für die Tätigkeit von Abgeordneten, aber auch in Bezug auf politische Entscheidungen und Lobbyisten deutlich gemacht. Es bleibt zu hoffen, dass sich die Parlamentarismusforschung dieses Desiderats zukünftig stärker annehmen wird.

VI Literaturverzeichnis

Selbständige Publikationen:

Althaus, Marco (2005): Beruf: Lobbyist – Karrierewege und Professionalisierung in der Interessenrepräsentation – eine Einführung [= DIPApers 05 – Wissenschaftliche Studien und Positionen zur Praxis], Deutsches Institut für Public Affairs, Berlin.

Althaus, Marco/Geffken, Michael/Rawe, Sven (2005-a): Handlexikon Public Affairs [= Reihe Public Affairs und Politikmanagement des Deutschen Institutes für Public Affairs, Bd. 1], Münster.

Andersen, Uwe (Hrg.) (2008): Der Deutsche Bundestag – Eine Einführung [= Reihe uni studien politik], Schwalbach/Ts.

Association of Secretaries General of Parliamtents (1992): Members' Assistants, Constitutional and Parlamentary Information, 42. Jg., H. 164, o.O.

Balzer, Axel; Geilich, Marvin; Rafat, Shamim (Hrg.) (2005): Politik als Marke – Politikvermittlung zwischen Kommunikation und Inszenierung [= Reihe Public Affairs und Politikmanagement des Deutschen Institutes für Public Affairs, Bd. 3], Münster.

Bender, Gunnar/Reulecke, Lutz (2003): Handbuch des Deutschen Lobbyisten – Wie modernes und transparentes Politikmanagement funktioniert, Frankfurt/Main.

Best, Heinrich; Edinger, Michael; Schmitt, Karl; Vogel, Lars (2007): Zweite Deutsche Abgeordnetenbefragung 2007 – Dokumentation für den Deutschen Bundestag [= Reihe Bundestag], Teilprojekt A3: Delegationseliten nach dem Systembruch, Friedrich-Schiller-Universität Jena, Jena.

Beyme, Klaus von (1997): Der Gesetzgeber – Der Bundestag als Entscheidungszentrum, Opladen.

Bogner, Alexander; Littig, Beate; Menz, Wolfgang (Hrg) (2005): Das Experteninterview – Theorie, Methode, Anwendung, 2. Aufl., Wiesbaden.

Borchert, Jens (Hrg.) (1999): Politik als Beruf – Die politische Klasse in westlichen Demokratien [= Reihe Europa- und Nordamerika-Studien, Bd. 5], Opladen.

Böckenförde, Ernst-Wolfgang (Hrg.et.al.) (1990): Der Staat – Zeitschrift für Staatslehre, Öffentliches Recht und Verfassungsgeschichte, 29. Bd., H. 4, Berlin.

Brenner, Michael (Hrg.et.al.) (2004): Staat des Grundgesetzes – Kontinuität und Wandel – Festschrift für Peter Badura zum siebzigsten Geburtstag, Tübingen.

Bröchler, Stephan/Elbers, Helmut (2001): Hochschulabsolventen als Mitarbeiter des Parlaments: Politikberater oder Bürohilfskräfte? Ergebnisse einer internetgestützten Befragung der persönlichen wissenschaftlichen Mitarbeiter der Abgeordneten des Deutschen Bundestages, polis Nr.52/2001, Hagen.

Burmeister, Kerstin (1993): Die Professionalisierung der Politik am Beispiel des Berufspolitikers im parlamentarischen System der Bundesrepublik Deutschland [=Beiträge zum Parlamentsrecht, Bd. 25], Berlin.

Busch-Janser, Florian (Hrg.et.al.) (2005): Politikberatung als Beruf, Berlin/München.

Dagger, Steffen (Hrg.et.al.) (2004): Politikberatung in Deutschland – Praxis und Perspektiven, Wiesbaden.

Deutscher Bundestag (Hrg.) (2003): Unsere Abgeordneten – Sonderthema [= Blickpunkt Bundestag], Deutscher Bundestag, Berlin.

Elsner, Steffen H.; (2001): „Sehr geehrte Frau Abgeordnete!", „Sehr geehrter Herr Abgeordneter!" – Der Bürger- und Wählerservice deutscher Abgeordneter zwischen Anspruch und Wirklichkeit, Ergebnisse einer Fallstudie [= Beiträge zum Parlamentarismus, Bd. 12], München.

Europäisches Parlament (1996): Die Parlamentarischen Assistenten in den Mitgliedstaaten der Europäischen Union [= Reihe „Nationale Parlamente"], Arbeitsdokument, Generaldirektion Wissenschaft, Luxemburg.

Flick, Uwe (Hrg.et.al.) (1991): Handbuch Qualitative Sozialforschung – Grundlagen, Konzepte, Methoden und Anwendungen, München.

Golsch, Lutz (1998): Die politische Klasse im Parlament – Karrieren und politische Professionalisierung von Hinterbänklern im Deutschen Bundestag, Baden-Baden.

Herzog, Dietrich (Hrg.et.al.) (1990-a): Abgeordnete und Bürger – Ergebnisse einer Befragung der Mitglieder des 11. Deutschen Bundestages und der Bevölkerung, Opladen.

Herzog, Dietrich; Rebenstorf, Hilke; Wessels, Bernhard (Hrg.) (1993): Parlament und Gesellschaft – Eine Funktionsanalyse der repräsentativen Demokratie [= Schriften des Zentralinstituts für sozialwissenschaftliche Forschung der Freien Universität Berlin BD. 73], Opladen.

Hirscher, Gerhard/ Korte, Karl-Rudolf (Hrg.) (2003): Information und Entscheidung - Kommunikationsmanagement der politischen Führung, Wiesbaden.

Hübner, Emil/ Oberreuter, Heinrich/Rausch, Heinz (Hrg.) (1969): Der Bundestag von innen gesehen, München.

Ismayr, Wolfgang. (2000): Der Deutsche Bundestag, Opladen.

Jarren, Otfried; Donges, Patrick (2002): Politische Kommunikation in der Mediengesellschaft – Eine Einführung, 2. Bd., Akteure, Prozesse und Inhalte, Wiesbaden.

Khol, Andreas (Hrg.et.al.) (1993): Österreichisches Jahrbuch für Politik 1992, Eine Publikation der Politischen Akademie der Österreichischen Volkspartei, Wien.

Kranenpohl, Uwe (1999): kleine Fraktionen im Deutschen Bundestag 1949 bis 1994, Opladen.

Kremer, Klemens (1992): Kandidatur zum Bundestag – Der Weg ins Parlament, 4. neubearbeitete Aufl., Heidelberg.

Lamnek, Siegfried (1993): Qualitative Sozialforschung – Bd. 2 – Methoden und Techniken, 2. überarbeitete Aufl., Weinheim.

Landeszentrale für politische Bildung Baden-Württemberg (Hrg.) (1990): Der Bürger im Staat, 40. Jg., H. 1, Stuttgart.

Landeszentrale für politische Bildung Baden-Württemberg (Hrg.) (2002): Der Bürger im Staat, 52. Jg., H. 1/2 2002, Stuttgart.

Lemke-Müller, Sabine (1999): Abgeordnete im Parlament – Zur Parlamentskultur des Deutschen Bundestages in den neunziger Jahren, Rheinbreitbach.

Manheim, Jarol B.; Rich, Richard C.; Willnat, Lars (2001): Elite and specialized Interviewing, in: Dies.: Empirical political analysis: Research methods in political science, New York.

Oberreuter, Heinrich (Hrg.) (1996): Die Abgeordneten: Stellung, Aufgaben und Selbstverständnis in der parlamentarischen Demokratie – Colloquium in der Akademie für Politische Bildung Tutzing am 16. November 1995 Maximilianeum München [=Beiträge zum Parlamentarismus, Bd. 9/1.], München.

Oberreuter, Heinrich / Kranenpohl, Uwe / Sebaldt, Martin (Hrg.) (2001): Der Deutsche Bundestag im Wandel – Ergebnisse neuerer Parlamentarismusforschung, Wiesbaden.

Parr, Ed; Ransome, Alison (1991): The Information Marriage – The Parliamentary Library and the Personal Staff of Senators and Members, a Report to the Parliamentary Librarian, Commonwealth of Australia, Canberra.

Patzelt, Werner J. (1993): Abgeordnete und Repräsentation – Amtsverständnis und Wahlkreisarbeit, Passau.

Puhe, Henry; Würzberg, H. Gerd (1989): Lust & Frust – Das Informationsverhalten des deutschen Abgeordneten. Eine Untersuchung, Köln.

Sarcinelli, Ulrich (2005): Politische Kommunikation in Deutschland – Zur Politikvermittlung im demokratischen System, Wiesbaden.

Schnell, Rainer; Hill, Paul B.; Esser, Elke (1999): Methoden der empirischen Sozialforschung, 6. völlig überarbeitete und erweiterte Aufl., München/Wien.

Sebaldt, Martin; Straßner, Alexander (2004-a): Verbände in der Bundesrepublik Deutschland - Eine Einführung [=Studienbücher Politisches System der Bundesrepublik Deutschland], Wiesbaden.

Steffani, Winfried; Thaysen, Uwe (Hrg.) (1997): Parlamente und ihr Umfeld [=Zeitschrift für Parlamentsfragen im Westdeutschen Verlag], Opladen/Wiesbaden.

Schwegmann, Friedrich G. (2004): Abgeordnete - Die Stellung der Abgeordneten des Deutschen Bundestages [= Reihe „Stichwort“ des Deutschen Bundestages, 2. Aufl.], Berlin.

Thaysen, Uwe; Davidson, Roger H.; Livingston, Robert G. (Hrg.) (1988): US-Kongress und Deutscher Bundestag – Bestandsaufnahmen im Vergleich, Opladen.

Vetter, Henrike (2001): Das Arbeitsverhältnis der Mitarbeiter von Bundestagsabgeordneten, Schriften zum Sozial- und Arbeitsrecht, Bd. 189, Berlin.

Aufsätze in Sammelbänden und Zeitschriften:

Althammer, Walter (1969): Politiker oder Spezialisten ? Aufgaben und Arbeitsweise der Fraktionen, in: Hübner, Emil (Hrg.et.al): Der Bundestag von innen gesehen, München.

Apel, Hans (1970): Die Willensbildung in den Bundestagsfraktionen – Die Rolle der Arbeitsgruppen und Arbeitskreise, in: Deutsche Vereinigung für Parlamentsfragen: Zeitschrift für Parlamentsfragen, 1. Jg., H. 2, Wiesbaden.

Bentele, Günter (2005): Zukünftige Trends politischer Öffentlichkeitsarbeit, in: Balzer, Axel; Geilich, Marvin; Rafat, Shamim (Hrg.): Politik als Marke – Politikvermittlung zwischen Kommunikation und Inszenierung [= Reihe Public Affairs und Politikmanagement des Deutschen Institutes für Public Affairs, Bd. 3], Münster.

Blischke, W. (1981): Parlamentary Staffs in the German Bundestag, in: Legislative Studies Quarterly, 6. Jg., H. 4, Iowa.

Borchert, Jens; Golsch, Lutz (1999): Deutschland: Von der „Honoratiorenzunft“ zur politischen Klasse, in: Borchert, Jens (Hrg.): Politik als Beruf – Die politische Klasse in westlichen Demokratien [= Reihe Europa- und Nordamerika-Studien, Bd. 5], Opladen.

Bundestag-Report (1997): Hilfestellung und Gleichbehandlung für die Mitarbeiter, Report-Gespräch mit Ina Albowitz, in: Bundestag-Report, Bonn.

Dach, Peter R. (1999): Befristung von Arbeitsverträgen mit Fraktionsmitarbeitern, in: Neue Zeitschrift für Arbeitsrecht NZA, 16. Jg., H. 12, München.

Dexheimer, Wolfgang F. (1970): Zur Geschichte und Struktur der Arbeitskreise und –gruppen in der CDU/CSU Bundestagsfraktion, in: Deutsche Vereinigung für Parlamentsfragen: Zeitschrift für Parlamentsfragen, 1. Jg., H. 2, o.O.

Di Fabio, Udo (1990): Parlament und Parlamentsrecht – Aufgaben, Organisation und Konflikte parlamentarischer Arbeit, in: Böckenförde, Ernst-Wolfgang (Hrg.et.al.): Der Staat – Zeitschrift für Staatslehre, Öffentliches Recht und Verfassungsgeschichte, 29. Bd., H. 4, Berlin.

Dorenburg, Thomas (2003): Der Abgeordnete soll's richten, sein Assistent erledigt es – 3800 persönliche Mitarbeiter unterstützen die Parlamentarier, in: Deutscher Bundestag (Hrg.): Das Parlament, Jg. 2003, H. 35/36, Bonn.

Eilfort, Michael (2003): Politische Führung in der CDU/CSU-Bundestagsfraktion – Beratung und Information für den Fraktionsvorsitzenden, in: Hirscher, Gerhard/ Korte, Karl-Rudolf (Hrg.): Information und Entscheidung - Kommunikationsmanagement der politischen Führung, Wiesbaden.

Engelhard, Michael (2003): Politiker und ihre Vor-Schreiber – Wenn Experten Reden verfassen, in: Deutscher Bundestag (Hrg.): Das Parlament, Jg. 2003, H. 35/36, Bonn.

Ertl, Josef (1969): Gutwillig, aber überfordert ? Der Abgeordnete in Bonn, in: Hübner, Emil (Hrg.et.al.): Der Bundestag von innen gesehen, München.

Esser, Hartmut (1986): Können Befragte lügen? Zum Konzept des ,Wahren Wertes' im Rahmen der handlungstheoretischen Erklärung von Situationseinflüssen bei der Befragung, in: Kölner Zeitschrift für Soziologie und Sozialpsychologie, Bd. 38, H.2, Wiesbaden.

Feldkamp, Michael F. (2007): Die parlamentarische „Sommerpause" im Reichstag und im Deutschen Bundestag, in: Zeitschrift für Parlamentsfragen, 37. Jg., H. 3, Wiesbaden.

Fischer, Katja-Julia (2005): Bundestagsabgeordnetenmitarbeiter, in: Busch-Janser, Florian (Hrg.et.al.) (2005): Politikberatung als Beruf, Berlin/München.

Heine, Claudia (2004): Gute Männer für wenig Geld – Damals…vor 35 Jahren am 1. April 1969: Bundestagsabgeordnete erhalten die Möglichkeit, Mitarbeiter einzustellen, in: Deutscher Bundestag (Hrg.): Das Parlament, Jg. 2004, H. 14, Bonn.

Herzog, Dietrich (1990-b): Der moderne Berufspolitiker – Karrierebedingungen und Funktion in westlichen Demokratien, in: Landeszentrale für politische Bildung Baden-Württemberg (Hrg.): Der Bürger im Staat, 40. Jg., H. 1, Stuttgart.

Hirsch, Heide-Karen (1981): Die persönlichen parlamentarischen Mitarbeiter der Bundestagsabgeordneten, in: Zeitschrift für Parlamentsfragen, 12. Jg., H. 2, o.O.

Hopf, Christel (1991): Qualitative Interviews in der Sozialforschung – ein Überblick, in: Flick, Uwe (Hrg.et.al.): Handbuch Qualitative Sozialforschung – Grundlagen, Konzepte, Methoden und Anwendungen, München.

Jekewitz, Jürgen (1995): Das Personal der Parlamentsfraktionen: Funktion und Status zwischen Politik und Verwaltung, in: Deutsche Vereinigung für Parlamentsfragen: Zeitschrift für Parlamentsfragen, 26. Jg., H. 3, Opladen.

Kampeter, Steffen (2007): Interessenvertretung im Deutschen Bundestag, in: Rieksmeier, Jörg (Hrg.): Praxisbuch: Politische Interessenvermittlung: Instrumente - Kampagnen – Lobbying, Wiesbaden.

Klein, Hans H. (2004): Zur Öffentlichkeitsarbeit von Parlamentsfraktionen, in: Brenner, Michael (Hrg.et.al.): Staat des Grundgesetzes – Kontinuität und Wandel – Festschrift für Peter Badura zum siebzigsten Geburtstag, Tübingen.

Koch, Sybille (1998): Arbeitsverträge der Mitarbeiter von Fraktionen und Gruppen nach dem Ende der Wahlperiode aus parlamentsrechtlicher Sicht, in: Neue Zeitschrift für Arbeitsrecht, NZA, Zweiwochenschrift für die betriebliche Praxis, Bd. 15, H. 21, München/Frankfurt.

Kranenpohl, Uwe (2001): „Die ewige Fahrt zwischen Skylla und Charybdis“: Die Öffentlichkeitsarbeit der Fraktionen zwischen parlamentarischer und medialer Funktionslogik, in: Oberreuter, Heinrich / Kranenpohl, Uwe / Sebaldt, Martin (Hrg.): Der

Deutsche Bundestag im Wandel – Ergebnisse neuerer Parlamentarismusforschung, Wiesbaden.

Laabs, Herbert (1970): Bild des Fraktionsassistenten – Möglichkeiten und Grenzen des wissenschaftlichen Bundestags-Fraktionsassistenten, in: Gesellschaftspolitische Kommentare, 17. Jg., H. 2, Bonn.

Lang, Joachim (2005): Fraktionsmanagement, in: Althaus, Marco/Geffken, Michael/Rawe, Sven: Handlexikon Public Affairs [= Reihe Public Affairs und Politikmanagement des Deutschen Institutes für Public Affairs, Bd. 1], Münster.

Markiewicz, Thomasz (1993): Die Verbindungen bleiben vielfach erhalten - Ausländische Praktikanten/ Ein persönlicher Erfahrungsbericht, in: Das Parlament - Die Woche im Bundeshaus, 43. Jg., H. 6, Bundeszentrale für politische Bildung, Bonn.

Marschall, Stefan (2001): Parlamentarische Öffentlichkeitsarbeit – Eine Feldskizze, in: Oberreuter, Heinrich / Kranenpohl, Uwe / Sebaldt, Martin (Hrg.): Der Deutsche Bundestag im Wandel – Ergebnisse neuerer Parlamentarismusforschung, Wiesbaden.

Merkatz, Hans-Joachim (1969): Regiert die Lobby? Parlament, Regierung und Interessenverbände, in: Hübner, Emil (Hrg.et.al.): Der Bundestag von innen gesehen, München.

Moersch, Karl (1969): Parlament ohne Selbstverständnis Oder: Was ist der Deutsche Bundestag?, in: Hübner, Emil (Hrg.et.al): Der Bundestag von innen gesehen, München.

Patzelt, Werner J. (1991): Der „ideale Abgeordnete“ – Parlamentarier beschreiben ihren Beruf, in: Politische Studien - Zweimonatsschrift für Politik und Zeitgeschehen, 42. Jg., Bd. 319.

Patzelt, Werner J. (1996): Was tun Abgeordnete? Forschungsergebnisse, in: Oberreuter, Heinrich (Hrg.): Die Abgeordneten: Stellung, Aufgaben und Selbstverständnis in der parlamentarischen Demokratie – Colloquium in der Akademie für Politische Bildung Tutzing am 16. November 1995 Maximilianeum München [=Beiträge zum Parlamentarismus, Bd. 9/1.], München.

Patzelt, Werner J. (1997): Deutschlands Abgeordnete: Profil eines Berufsstands, der weit besser ist als sein Ruf, in: Steffani, Winfried; Thaysen, Uwe (Hrg.): Parlamente und ihr Umfeld [= Zeitschrift für Parlamentsfragen im Westdeutschen Verlag], Opladen/Wiesbaden.

Pfadenhauer, Michaela (2005): Auf gleicher Augenhöhe reden. Das Experteninterview – ein Gespräch zwischen Experte und Quasi-Experte, in: Bogner, Alexander; Littig, Beate; Menz, Wolfgang (Hrg): Das Experteninterview – Theorie, Methode, Anwendung, 2. Aufl., Wiesbaden.

Pfetsch, Barbara (2005): Politik und Medien – Neue Abhängigkeiten?, in: Balzer, Axel; Geilich, Marvin; Rafat, Shamim (Hrg.): Politik als Marke – Politikvermittlung zwischen Kommunikation und Inszenierung [= Reihe Public Affairs und Politikmanagement des Deutschen Institutes für Public Affairs, Bd. 3], Münster.

Pilz, Volker (2004): Moderne Leibeigenschaft? Berufsbild und soziale Absicherung der persönlichen Mitarbeiter der Bundestagsabgeordneten, in: Deutsche Vereinigung für Parlamentsfragen: Zeitschrift für Parlamentsfragen, 35. Jg., H. 4, Wiesbaden.

Pohlmann, Katja (2005): Ein Leben im Mikrokosmos - Fraktionen, in: Busch-Janser, Florian (Hrg.et.al.): Politikberatung als Beruf, Berlin/München.

Sarcinelli, Ulrich (1997): Öffentlichkeitsarbeit der Parlamente – Politikvermittlung zwischen Public Relations und Parlamentsdidaktik, in: Steffani, Winfried; Thaysen, Uwe (Hrg.): Parlamente und ihr Umfeld [=Zeitschrift für Parlamentsfragen im Westdeutschen Verlag], Opladen/Wiesbaden.

Sarcinelli, Ulrich (2002): Repräsentieren, Kommunizieren, Mobilisieren – Regieren im Medienzeitalter, in: Landeszentrale für politische Bildung Baden-Württemberg (Hrg.): Der Bürger im Staat, 52. Jg., H. 1/2 2002, Stuttgart.

Schelp, Robert (1969): Manipulation von untern? Zur Rolle der Fraktionsassistenten, in: Hübner, Emil (Hrg.et.al.): Der Bundestag von innen gesehen, München.

Schöne, Helmar (2005): Fraktionsmitarbeiter: Tätigkeitsprofil, Karriereweg und Rollenverständnis, in: Deutsche Vereinigung für Parlamentsfragen: Zeitschrift für Parlamentsfragen, 36. Jg., H. 4, Wiesbaden.

Schulz, Bert (2002): Wir sind Freunde – Internationale Parlamentspraktika, in: Deutscher Bundestag (Hrg.): Das Parlament, Jg. 2002, H. 21, Bonn.

Schuster, Christian H. (2004): Einsatz für alle – Mitarbeiter im Abgeordnetenbüro, in: Blickpunkt Bundestag, o.O.

Schüttemeyer, Suzanne S. (2002): Die Bundestagsabgeordneten im Kräftefeld von Parlament, Fraktion, Partei und Wählern, in: Breit, Gotthard; Massing, Peter (Hrg.): Parlamentarismus in der Bundesrepublik Deutschland – Grundlagen und aktuelle

Probleme [= Politische Bildung – Beiträge zur wissenschaftlichen Grundlegung und zur Unterrichtspraxis, Bd. 4], Schwalbach.

Schwarzmeier, Manfred (2001): „Nur“ Stilfragen? Informale Verhaltensregeln und Handlungsnormen im Deutschen Bundestag, in: Oberreuter, Heinrich / Kranenpohl, Uwe / Sebaldt, Martin (Hrg.): Der Deutsche Bundestag im Wandel – Ergebnisse neuerer Parlamentarismusforschung, Wiesbaden.

Schwimmer, Walter (1993): Das neue Parlamentsmitarbeitergesetz – Aufwertung des Parlaments?, in: Khol, Andreas (Hrg.et.al.): Österreichisches Jahrbuch für Politik 1992, Wien.

Sebaldt, Martin; Straßner, Alexander (2004): Funktionen deutscher Verbände in der Praxis, in: Ders.: Verbände in der Bundesrepublik Deutschland - Eine Einführung [=Studienbücher Politisches System der Bundesrepublik Deutschland], Wiesbaden.

Skarpelis, Constantin; Skarpelis-Sperk, Sigrid (1987): Verbesserung der Arbeitsbedingungen der Abgeordneten und deren Mitarbeiter durch neue Informations- und Kommunikationstechniken und –medien im Deutschen Bundestag (II), in: Verwaltungsführung, Organisation, Personal: VOP; Fachzeitschrift für die öffentliche Verwaltung, 9. Jg., H. 2, Baden-Baden.

Speth, Rudolf (2004): Politikberatung als Lobbying, in: Dagger, Steffen (Hrg.et.al.): Politikberatung in Deutschland – Praxis und Perspektiven, Wiesbaden.

Steffani, Winfried (1988): Parteien (Fraktionen) und Ausschüsse im Deutschen Bundestag, in: Thaysen, Uwe; Davidson, Roger H.; Livingston, Robert G. (Hrg.): US-Kongress und Deutscher Bundestag – Bestandsaufnahmen im Vergleich, Opladen.

Stolz, Werner (1992): Die persönlichen Mitarbeiter der Bundestagsabgeordneten – ein neues Feld verdeckter Parteienfinanzierung?, in: Zeitschrift für Rechtspolitik, 25. Jg., H. 10, München.

Trinczek, Rainer (2005): Wie befrage ich Manager? Methodische und methodologische Aspekte des Experteninterviews als qualitativer Methode empirischer Sozialforschung, in: Bogner, Alexander; Littig, Beate; Menz, Wolfgang (Hrg): Das Experteninterview – Theorie, Methode, Anwendung, 2. Aufl., Wiesbaden.

Vogt, Ute (2004): Nichts genaues weiß man nicht". Politikberatung aus den Erfahrungen der Praxis, in: Dagger, Steffen (Hrg.et.al.): Politikberatung in Deutschland – Praxis und Perspektiven, Wiesbaden.

Wagner, Jochen (1991): Berufsbilder vom Arzt bis zum Saaldiener: 2158 Mitarbeiter sorgen für reibungslosen Ablauf im Bundestag, in: Das Parlament - Die Woche im Bundeshaus, 41. Jg., H. 5, Bonn.

Weßels, Bernhard (1991): Abgeordnete und Bürger: Parteien und Wahlkreiskommunikation als Faktoren politischer Repräsentation, in: Klingemann, Hans-Dieter; Stöss, Richard; Wessels, Bernhard (Hrg.): Politische Klasse und politische Institutionen – Probleme und Perspektiven der Elitenforschung, Dietrich Herzog zum 60. Geburtstag [= Schriften des Zentralinstituts für sozialwissenschaftliche Forschung der Freien Universität Berlin, Bd. 66.], Opladen/Wiesbaden.

Weßels, Bernhard (1993): Politische Repräsentation als Prozeß gesellschaftlich-parlamentarischer Kommunikation, in: Herzog, Dietrich; Rebenstorf, Hilke; Wessels, Bernhard (Hrg.) Parlament und Gesellschaft – Eine Funktionsanalyse der repräsentativen Demokratie [= Schriften des Zentralinstituts für sozialwissenschaftliche Forschung der Freien Universität Berlin, Bd. 73], Opladen.

Zeitungsartikel (überregional)

Aden, Mareke (2005): Ein Gefühl wie auf Montage mit Zeitvertrag – Bundestagsabgeordnete sind nicht für immer und ewig gewählt – verlieren sie ihr Mandat, verlieren ihre Mitarbeiter automatisch ihre Jobs, in: Frankfurter Rundschau vom 06.07.2005.

Bernau, Nikolaus (2002): Viele Fenster zum Hof – Dorotheenblöcke – Die Büroarche landete in der Stadt. Gestern wurde dem Bundestag das Jakob-Kaiser-Haus übergeben, in: Berliner Zeitung vom 24.01.2002.

Buchsteiner, Jochen (1998): Prinzen der Dunkelheit, in: Die Zeit vom 03.09.1998

Fichtner, Ullrich (2000): Politik aus der sechsten Reihe - Vom Einstielen, Austeilen, Draufspringen und Niederstimmen. Eine Woche mit Hans-Günter Bruckmann, Mitglied des Bundestages, in: Die Zeit vom 12.10.2000.

Grunenberg, Nina (2001): Die Mächtigen schlau machen – Einflüstern, steuern, manipulieren. In der Hauptstadt boomt das Geschäft der Besserwisser, in: Die Zeit vom 05.07.2001.

Haase-Hindenberg, Gerhard (2005): Traumjob oder Leibeigenschaft ? Die Mitarbeiter von Bundestagsabgeordneten erleben das politische Geschehen hautnah – ohne soziale Absicherung, in: Die Welt vom 26.11.2005.

Haase-Hindenberg, Gerhard (2005-a): Traumjob auf Zeit – Mitarbeiter von Bundestagsabgeordneten haben später gute Chancen in der Wirtschaft, in: Berliner Morgenpost vom 27.11.2005.

Ilse, Frank (2003): Politik macht einen fast schlaflos in Berlin – Politiker-Alltag – Termine, Sitzungen Diskussionen – Leben und Leiden des Bundestagsabgeordneten Michael Grosse-Brömer aus Brakel bei Winsen, in: Hamburger Abendblatt vom 11.12.2003.

Kröter, Thomas (2000): Die Mitarbeiter, in: Der Tagesspiegel, Berlin vom 16.09.2000.

Krüger, Jens (2003): Gesetzgebung nach dem Motto: Friss Vogel oder stirb – Die Abgeordneten des Bundestages werden mit Informationen regelrecht überflutet – mehr als 10000 Seiten für den Ausschuss allein bei der Anhörung zur Gesundheitsreform, in: Welt am Sonntag vom 03.08.2003.

Neller, Marc (2005): Die Wahlverlierer stehen fest – Hunderten von Mitarbeitern von Bundestagsabgeordneten droht nach dem 18. September Arbeitslosigkeit, in: Der Tagesspiegel vom 10.07.2005.

Neubacher, Alexander; Schult, Christoph (2002): Kleine Tür zum Paradies – Parlamentarier genießen, neben Freiflügen und Limosinen-Service, mancherlei Privilegien – einige hart an der Grenze des guten Geschmacks, in: Der Spiegel vom 12.08.2002.

o.A. (2001): 1568 Mark mehr für Abgeordnete – Neue Mitarbeiter-Pauschale, in: Welt am Sonntag vom 24.06.2001.

o.A. (2002): Organisationstalent ist Trumpf – Mitarbeiter von Abgeordneten, in: Der Tagesspiegel vom 22.09.2002.

o.A. (2005): Die Arbeitsagentur ist schon wieder im Bundestag – Viele Mitarbeiter von Abgeordneten stehen vor einer ungewissen Zukunft / Verträge enden mit Ablauf der 15. Legislaturperiode, in: Frankfurter Allgemeine vom 23.09.2005.

Rabensaat, Richard (2005): Feinfühlig vermitteltes Fachwissen – Lobbyismus bewegt sich auf einem schmalen Grad – dem Grad der politischen Einflussnahme, in: Die Welt vom 27.08.2005.

Scheidges, Rüdiger (2006): Im Vorzimmer der Macht – Unter Rot-Grün ist der Lobbyismus gewuchert wie nie. Nun muss sich die große Koalition mit den Folgen plagen – Besichtigung einer diskreten Profession, in: Handelsblatt vom 14.03.2006.

Sittig, Friedemann (2005): Jobmaschine Bundestag – Das Parlament bietet jungen Akademikern interessante Arbeitsplätze. Sie sind zwar befristet, schaffen aber Kontakte und schulen vor allem die Managementfähigkeiten, in: Welt am Sonntag vom 05.06.2005.

Sonnenberg, Gudrun (2002): Die Händchenhalter – Recherchieren, überzeugen und verwöhnen. In einem Praxissemester lernen Studenten, was Mitarbeiter von Abgeordneten alles können müssen, in: Die Zeit vom 25.07.2002.

Visser, Alexander (2005): Tschüss, Bundestag – Qual der Wahl – Regierungswechsel als Karriereknick, in: Der Tagesspiegel vom 10.07.2005.

Weber, Corinna (2005): Trüffelschweine der Politik – Wissenschaftliche Mitarbeiter im Bundestag stehen im Schatten der Abgeordneten – und können doch so manches bewegen, in: Die Zeit vom 01.12.2005.

Internetdokumente:

CDU/CSU-Bundestagsfraktion (2005): Arbeitsordnung der CDU/CSU-Bundestagsfraktion der 16. Wahlperiode, gefunden am 12.04.2009 unter: www.cducsu.de.

CDU/CSU-Bundestagsfraktion (2006): Fraktion in Aktion – 16. Wahlperiode - Organisation und Arbeitsweise, gefunden am 12.04.2009 unter: www.cducsu.de

Neubacher, Alexander (2003): Heuern und Feuern – Mein Boss, der Parlamentarier, Spiegel Online vom 20.12.2003, gefunden am 12.04.2009 unter www.spiegel.de

Schuster, Christian H. (2005): U-Boote im richtigen Teich – Mitarbeiter im Bundestag, in: Spiegel Online, gefunden am 12.04.2009 unter www.spiegel.de

Sonstiges/Internetlinks

CDU/CSU-Bundestagsfraktion, Homepage	www.cducsu.de
CDU/CSU-Bundestagsfraktion, Intranet	www.cducsu.btg (Intranet)
Deutscher Bundestag, Homepage	www.bundestag.de
Deutscher Bundestag, Intranet	www.bundestag.btg (Intranet)
Heute im Bundestag (HIB), Homepage	www.bundestag.de

Leitfadeninterviews (anonym)

Abgeordnetenmitarbeiter:

Gesprächspartner: „A1"	Datum: 16.03.2006	Ort: Berlin-Mitte
Gesprächspartner: „A2"	Datum: 23.02.2006	Ort: Berlin-Mitte
Gesprächspartner: „A3"	Datum: 14.03.2006	Ort: Berlin-Mitte
Gesprächspartner: „A4"	Datum: 21.03.2006	Ort: Berlin-Mitte

Fraktionsmitarbeiter:

Gesprächspartner: „F1"	Datum: 16.03.2006	Ort: Berlin-Mitte
Gesprächspartner: „F2"	Datum: 28.02.2006	Ort: Berlin-Mitte
Gesprächspartner: „F3"	Datum: 01.03.2006	Ort: Berlin-Mitte
Gesprächspartner: „F4"	Datum: 02.03.2006	Ort: Berlin-Mitte

Bundestagsabgeordneter/AG-Sprecher:

Gesprächspartner: „MdB"	Datum: 28.02.2006	Ort: Berlin-Mitte

VII Anhang

Abbildung 1: Interviewpartner (anonym)

Interviewpartner (anonym)

Bereich:	AG-Referent	Abgeordnetenmitarbeiter
Bereich:	AG-Referent	Abgeordnetenmitarbeiter
Bereich:	AG-Referent	Abgeordnetenmitarbeiter
Bereich:	AG-Referent	Abgeordnetenmitarbeiter (Kurzinterview)

Darüber hinaus wurde ein Bundestagsabgeordneter (AG-Sprecher) befragt.

Abbildung 2: Anlage zu den Ausführungsbestimmungen, §12, Abs. 3 AbgG

Gültig ab 01.01.2009

Anlage
zu den Ausführungsbestimmungen

für den Ersatz von Aufwendungen, die den Mitgliedern des Deutschen Bundestages durch die Beschäftigung von Mitarbeiterinnen und Mitarbeitern entstehen.

Gehaltsrahmen

Gruppe	Gehalt in €
1 Schreib- u. Bürokräfte	1.451 bis 2.827
2 Sekretärinnen u. Bürosach-bearbeiter(innen)	1.728 bis 3.956
3 Sachbe-arbeiter(innen)	2.007 bis 4.305
4 Wissenschaftliche Mitarbeiter(innen)*	2.648 bis 6.657

* Für die Einstufung in Gruppe 4 ist grundsätzlich ein Hochschul- bzw. Fachhochschulabschluss erforderlich.

Die monatliche Pauschale beträgt 14.712 €

Abbildung 3: Muster – Arbeitsvertrag für Abgeordnetenmitarbeiter (erste Seite)

Bitte in Druckbuchstaben ausfüllen

ARBEITSVERTRAG

gemäß Nr. 7 der Ausführungsbestimmungen
zu § 34 i. V. m. § 12 Abs. 3 Satz 4 Abgeordnetengesetz (AbgG)

Zwischen dem Mitglied des Deutschen Bundestages

Herrn / Frau ______________________________ als Arbeitgeber(in)

und

Herrn / Frau ______________________________ als Arbeitnehmer(in)

Geboren am: ______________

Wohnhaft in: ______________________________

wird folgender **privatrechtlicher** Arbeitsvertrag geschlossen:

§ 1
Art und Dauer der Tätigkeit

Der/Die Arbeitnehmer(in) wird vom .... bis .... als

☐ Büro-/Schreibkraft ☐ Sekretär(in)/Bürosachbearbeiter(in) ☐ studentische Hilfskraft
☐ Sachbearbeiter(in) ☐ wissenschaftliche(r) Mitarbeiter(in)

zur Unterstützung bei der parlamentarischen Arbeit ☐ eingestellt / ☐ weiterbeschäftigt.

☐ Die Tätigkeit umfasst Arbeiten mit Informations- und Kommunikationstechniken und -medien. In diesem Fall findet die Anlage zu den Ausführungsbestimmungen Anwendung. (Dieser Absatz ist gegebenenfalls zu streichen)

Der/Die Arbeitnehmer(in) wird durch diesen Arbeitsvertrag nicht Angehörige(r) des öffentlichen Dienstes.

§ 2
Ort der Tätigkeit

Als Hauptbeschäftigungsort (regelmäßige Arbeitsstätte) gilt ☐ Platz der Republik 1 - 11011 Berlin
☐ Wahlkreis (**Anschrift zwingend erforderlich**)

....
Anschrift

§ 3
Arbeitszeit

Als Arbeitszeit werden durchschnittlich .... Stunden wöchentlich vereinbart.

§ 4
Entgelt

Der/Die Arbeitgeber(in) zahlt an den (die) Arbeitnehmer(in) ein monatliches Gehalt in Höhe von

.... €.

Darüber hinaus werden weitere Leistungen nach Maßgabe der Ausführungsbestimmungen gewährt.

Abbildung 4: Wichtige Kommunikationsbeziehungen von Abgeordnetenmitarbeitern, siehe Seite 35.

Abbildung. 5: Wichtige Kommunikationsbeziehungen von AG-Referenten, siehe Seite 44.

ibidem-Verlag

Melchiorstr. 15

D-70439 Stuttgart

info@ibidem-verlag.de

www.ibidem-verlag.de
www.ibidem.eu
www.edition-noema.de
www.autorenbetreuung.de

Zeitfracht Medien GmbH
Ferdinand-Jühlke-Straße 7
99095 Erfurt, Deutschland
produktsicherheit@kolibri360.de